진짜불교가짜불교

진짜 불교 가짜 불교

ⓒ 최진, 2023

초판 1쇄 발행 2023년 8월 25일

지은이   최진
펴낸이   이기봉
편집   좋은땅 편집팀
펴낸곳   도서출판 좋은땅
주소   서울특별시 마포구 양화로12길 26 지월드빌딩 (서교동 395-7)
전화   02)374-8616~7
팩스   02)374-8614
이메일   gworldbook@naver.com
홈페이지 www.g-world.co.kr

ISBN   979-11-388-2205-3 (03220)

진짜 불교 가짜 불교

사라진 붓다의
옛길을 찾아서

최진 지음

좋은땅

들어가는 말

종교는 도대체 무엇일까요? 철학은? 과학은? 얼추 얘기할 수는 있겠지만, 구체적으로 답을 꺼내 놓기에는 어려운 대상들입니다. 종교는 학문적으로 접근하기 어려운 구석이 있으니 일단 제쳐 놓고, 학문적 범주인 철학과 과학에 대해서 얘기를 시작해 볼까요.

인간과 자연, 곧 주체와 객체가 전개되는 삶을 이해하고자 하는 다양한 움직임이 있습니다. 대별하면 철학과 과학입니다. 철학은 정신 영역인 형이상학적인 차원, 과학은 물질 영역인 형이하학적인 차원으로 구분할 수 있죠. 물질을 대상으로 실험과 관찰을 매개로 삶을 드러내고자 하는 것이 과학이며, 정신적인 분석과 통찰 곧 사유로써 삶을 규정하고자 하는 것이 철학입니다.

철학의 위상은 사실 고대나 현대나 크게 다를 건 없습니다. 고대 그리스의 자연철학, 인도의 명상과 결합된 다양한 실천철학, 중국의 제자백가, 근대의 합리주의, 경험주의, 관념론, 현대의 실존주의, 구조주의, 탈구조주의…, 존재론, 인식론, 가치론…. 상위 범주에서

진짜 불교 가짜 불교

하위 범주로 좀 더 다양하게 가지를 뻗어나갔을 뿐, 오히려 현대 철학이 고대에 비해서 뒷걸음질을 쳤다고 볼 수도 있습니다. 물질문명의 발달에 힘입어서 전개되는 과학의 역사와는 사뭇 다를 수밖에 없지요. '철학의 역사는 개념의 역사'라고 정리한 철학자도 있습니다. 어려운 얘기 백날 새롭게 늘어놓아 봤자 기존의 주장에 숟가락 하나 더 얹는 격의 언어유희에 지나지 않는다는 비판이겠죠.

　과학 또한 뚜렷한 한계가 있습니다. 실험, 관찰에는 도구, 매체의 역할이 전부입니다. 과학의 발달사는 도구의 발달사입니다. 인간의 불완전한 감각기관을 대신해서 보다 더 뛰어난 능력을 발휘할 수 있는 도구의 발명과 발전이 과학의 역사입니다. 코페르니쿠스, 갈릴레이, 뉴턴, 아인슈타인, 하이젠베르크, 스티븐 호킹…, 상대성 이론과 양자역학, 뇌 과학, 유전공학…. 그러나 미시의 세계이든 거시의 세계이든 원자 이하의 세계와 태양계 밖의 세계에 대해서 확실한 결론을 내리지 못합니다. 궁극적인 문제에 대해서 한 걸음 더 나아갈 수는 있지만 가설과 잠정적 결론에 머물 수밖에 없지요.

　철학은 경험을 계량화할 수 없는 대상인 정신적 영역인 욕망과 그 구조를 탐구하는 반실증주의의 영역이라 할 수 있습니다. 반면 자연과학은 실험과 관찰, 계산으로 세계와 사건에 대한 예측 가능한 실증적 태도를 갖고 있습니다. 논리학 또한 실증적 태도이나 언어 문법 구조의 태생적 한계를 갖고 있지요. 계량화는 대상을 변화하지 않는 고정된 동일성의 존재로 취급합니다. 흐르는 물을 한 줌 떠

내서 측정하는 것과 같다고나 할까요. 연속적인 흐름인 관계의 단절이라는 한계에 노출됩니다.

어찌 됐든 삶의 궁극적인 문제에 대해서는 철학과 과학 모두 움츠러들 수밖에 없습니다. 삶의 끝, 죽음을 대면해야 하니까요. 삶의 이편과 저편, 사방에 죽음이 자리하고 있습니다. 주위의 모든 사람이 죽지만, 정작 나는 그 죽음을 체험하지 못합니다. 죽음이 온통 널려 있는데 나는 경험하지 못한다는 아이러니. 삶의 오묘함이죠.

그렇다면 종교는 과연 죽음이라는 문제에 해답을 건네주고 있을까요? 세상에는 헤아릴 수 없이 많은 종교들이 횡행하고 있습니다. 그들 제각기 삶과 죽음의 실상에 대해서 이것만이 진리, 진실이라고 주장하고 있습니다. 물론 검증할 수는 없으며 맹목적 믿음만을 요구하는 것이 현실입니다. 그러나 참으로 다행스럽게도 불교는 맹목적 믿음과 형이상학적 추론, 오랜 세월 의심의 여지없이 전승되어 온 모호한 가르침에서 벗어나, 교학과 실천을 통해 삶과 죽음에 대해 모든 의문들을 해결해 주고 있습니다.

하지만 문제는 불교가 2,500여 년이라는 오랜 세월 전승되어 오면서 모습을 달리한 탓에 어떤 모습이 붓다의 참 가르침인지 가늠하기 쉽지 않다는 데 있습니다. 붓다 당대의 초기(근본)불교, 부파불교, 대승불교, 밀교, 선불교…. 긍정적인 면을 찾자면 어려운 불교 교리를 대중들이 좀 더 쉽게 접근하고 이해할 수 있게끔 민중적 요소가 강해졌다는 점입니다. 솔직히 불교는 어렵습니다. 다른 것도 아닌 진리를 대상으로 하는 것이니 당연한 얘기지요. 붓다 당시의 인도 사회에 다양한 사상과 이론, 수행들이 난무했지만, 어디까지나 지식인들의 몫이었다 해도 과언이 아니겠지요. 생산력이 낮은 계급 시대에 대부분의 사람들은 먹고사는 문제에서 헤어날 수 없었겠지요.

대승불교, 밀교와 선불교는 그런 측면에서 일종의 '종교 혁명'이랄 수 있습니다. 지식인의 전유물이었던 불교를 대중들의 품에 안겨 주었다는. 하지만 그 부작용도 심각합니다. 근본적 교리의 심각한 변형과 왜곡, 굴절이 바로 그것입니다. 불교는 다른 종교와 달리 '올바른 견해'를 매우 중요하게 여깁니다. 8정도의 첫 자리가 '정견(正見)'이며, 성자의 첫 관문인 예류도를 성취하기 위해 소멸해야 하는 족쇄 3가지는 유신견, 계금취견, 의심 즉 견해에 관한 것입니다. 불교 교학에 대한 근본적인 이해 없이 불교를 이해하고 수행에 나아간다는 것이 심히 우려되는 이유입니다. 수행 과정에서의 다양한 체험들을 제대로 이해하기 위해서도 교학은 필수적으로 요구됩니다.

붓다 가르침의 골수는 4성제, 3법인, 12연기입니다. 무척 단순하고 소박해 보입니다. 그러나 숱한 출가자와 재가 수행자, 학자들이 제각기 나름대로 법문을 쏟아내고 있지만, 제대로 이해하고 있는 것인지 의심스러운 지경입니다. 정도를 걷고 있는 분들을 추리자면, 아주 소수에 지나지 않다고 봅니다. 게다가 법문의 편차가 큰 탓에 대중들은 큰 혼란에 빠질 수밖에 없습니다.

불교 경전은 두 갈래로 전승되어 왔습니다. 붓다 열반 후 구전으로 전승되어 오다가 수백 년 후에 문자화가 이루어졌습니다. 『아가마』 경전과 『니까야』 경전이 그것입니다. 티벳, 중국, 한국, 일본 등 북방으로 전승된 『아가마』 경전은 중국을 거쳐 한국, 일본에서 그 나라말로 번역되었고, 스리랑카, 미얀마, 태국, 라오스 등 남방 국가에 빨리어로 전승된 『니까야』는 최근에 한글로 번역되어서 붓다의 원음에 접근하는 데 큰 도움을 주고 있습니다. 각묵 스님과 전재성 박사가 제각기 『니까야』 경전 완역을 마쳤고, 해피 스님과 이중표 교수 또한 『니까야』 경전 독해에 정성을 쏟고 있습니다.

문제는 그분들의 어학 실력과 교학적 이해, 수행 수준이 제각기 다른 까닭에 가장 기본적인 개념 정리도 통일이 되어 있지 않다는 점입니다. 대중들 입장에서는 어느 분의 말씀을 좇아야 할지 난감하기 그지없습니다. 일례로 사띠(sati)에 대한 개념도 혼란스럽기 그지없습니다. 5온도 마찬가지이며 4성제, 3법인, 12연기 또한 다를 바 없습니다. 안타깝지만 불교인 스스로 정견을 갖추고 헤쳐 나가야 할 문제입니다.

어찌 보면 불교가 자생적이지 않다는 데서 기인한 당연한 어려움일 겁니다. 서양의 사유 체계는 분석적입니다. 반면, 동양의 사유

진짜 불교 가짜 불교

체계는 직관적입니다. 서양의 철학 고전들과 동양의 철학 고전들을 비교해 보면 명확해집니다. 인도-유럽 어족의 분석적인 사유 체계가 우리에게 낯선 탓에, 불교 교리에 대한 접근과 이해에는 상당한 노력이 주어져야 합니다. 선불교가 동아시아인에게 좀 더 친밀하게 다가오는 것도 일면 그러한 배경이 작용해서일 겁니다.

불교가 쉽다, 어렵다는 사실 논쟁의 가치가 없습니다. 그분의 가르침이 정확하게 전승되었느냐, 다양한 불교 가운데 어느 것이 붓다 시절의 원형에 가깝느냐가 관건이겠지요. 붓다는 수십억겁만 년에 한 분 출현합니다. 물론 현재 겁은 '행운의 겁'이라 하여 미래에 오실 미륵 부처님까지 합하여 세 분이나 됩니다만 겁은 헤아릴 수 없는 시간이므로 몇 겁이네 따지는 건 의미가 없겠죠. 붓다를 친견하지는 못하더라도 그분의 가르침을 접할 수 있는 것만으로도 더없이 축복받은 삶이라 할 수 있습니다. 오랜 세월 윤회하면서 알게 모르게 공덕을 쌓은 과보라고 할 수 있습니다.

불교가 어렵다 해도 어차피 뚫고 나가야 할 장애물입니다. 어려운 만큼 간절하고 소중할 수밖에 없습니다. 붓다를 친견할 수 없는 현실에서 우리는 늘 비판적 자세를 잃지 않고 경전과 법문을 대해야 할 것입니다. 『니까야』나 『아함』 경전뿐만 아니라, 대승 경전인 『반야경』, 『화엄경』, 『법화경』, 『열반경』이나 선불교 선사들의 어록도 받아 지니고 이해해야 합니다. 옥석을 가릴 수 있는 혜안을 갖추는 과정입니다. 도둑놈이나 사기꾼을 선지식으로 스승으로 모시는 어리석은 짓을 저질러서는 안 될 노릇입니다.

　이 책의 1장에서는 붓다 가르침의 핵심인 연기법과 4성제, 3법인을 성찰의 대상으로 합니다. 마음, 12연기의 회전, 열반, 윤회 등 기존의 통설과는 다른 관점에서의 해석입니다. 2장에서는 대승불교의 사상을 전승한 선불교의 모순과 폐단에 대해서 비판합니다. 물론 여기에서는 사상의 차원만 다루기에, 수행방법론과 수행 과정에서 주어지는 다양한 경지와 문제점에 대해서는 논하지 않습니다. 대승불교와 부파불교의 문제점에 대해서는 할 얘기가 많지만, 시현 스님의 저서 『대승은 끝났다』(불광출판사)를 적극적으로 추천하는 것으로 갈음합니다. 3장에서는 무아윤회, 두 가지 몸, 중유, 전생 체험 등 논쟁의 여지가 있는 관심사를 다루고, 교리 학습에 도움이 될 만한 논서와 학술서, 학자들을 소개합니다.

　불교가 수행의 종교임은 두말할 나위가 없습니다. 그러나 교학에 철저히 기초하지 않으면 수행의 목적과 목표, 결과가 어긋나 버립니다. 백두산이라고 믿어 의심치 않고 정상에 올랐는데 한라산이라 밝혀지면 그동안의 노력이 물거품이 되어 버리지 않겠습니까. 더욱이 돈, 사랑, 명예, 권력 등의 매혹적인 욕망을 외면하고 소중한 삶을 바친 사람들에게는 참으로 가혹하고 치명적이며 돌이킬 수 없는 결과입니다.

　한낱 범부 중생으로서 불법과 인연이 닿아 여기까지 오는 데에는 여러 선지식들의 도움이 결정적이었습니다. 그중 몇 분을 꼽자면 일면식은 없지만 해피 스님, 일묵 스님, 시현 스님, 전재성 박사, 이중표 교수라 할 수 있겠습니다. 머리 조아려 감사드립니다. 또한 다른 곳에서 보다 더 넉넉한 삶을 꾸려 가고 있을 아버님, 어머님, 아우 영신에게 감사와 사랑을 전합니다.

　금생에 출가라는 큰 과보는 받지 못했지만, 붓다의 가르침을 받아 지니게 된 것도 전생에 행한 숱한 공덕의 과보임을 의심치 않습니다. 이번 삶이 다할 때까지 깨달음과 해탈을 이루지는 못한다 하더라도, 다음 생에는 발심 출가하여 무명과 갈애를 뿌리 뽑아 기필코 깨달아 해탈하고 말겠다는 원력을 가슴 깊이 새겨 봅니다.

　나무석가모니불.

| 차례 |

삶의 풍경, 있는 그대로 알고 보기

근본불교의 핵심 교리

〇〇〇 **1** 〇〇〇

연기법

삶이란 무엇일까요? 나를 이루는 육체와 정신, 나를 둘러싼 그 모든 것들, 그것들과의 관계 맺음, 삶의 궁극적 의미, 세계의 발생과 소멸….

눈앞에서 펼쳐지는 모든 현상을 꿰뚫고 이해할 수 있는 단 하나의 이치, 원리, 법칙. 그것을 진리라 합니다. 진리는 세 가지 조건을 충족시켜야 합니다. 보편성, 일반성, 불변성. 누구에게나 어디에서나 영원히 변하지 않아야 합니다. 물론 경제, 정치, 사회, 문화, 심리 등등의 분야에도 나름의 법칙이자 원리가 존재합니다. 시대와 장소에 따라 걸맞은 새로운 법칙이 등장하고 낡은 법칙은 사라집니다. 하지만 시공간을 초월한 불변의 궁극적인 진리만이 모든 자물쇠를 열수 있는 만능열쇠라 할 수 있겠죠.

역사 이래로 동서와 고금을 통해서 진리를 탐구하는 많은 노력이 기울어졌습니다. 철학, 자연과학, 종교 등이 고유의 영역에서 혹은 경계를 뛰어넘으며 사유와 경험의 지평을 넓혀 왔습니다. 어떻게

16   진짜 불교 가짜 불교

보면, 모두들 이것만이 진리라고 단호하게 목소리를 높이는 바람에 진리를 좇는 많은 이들의 눈을 어지럽히고 혼란이 가중될 수밖에 없습니다. 다리를, 귀를, 코를, 배를 제각기 더듬으면서 이것이 코끼리라 확신하는 장님들의 비유가 적당하겠죠.

근현대 철학과 의학, 생물학, 심리학, 천체 물리학과 양자역학의 놀라운 발전에 힘입어 인간의 사유와 경험의 세계는 놀라우리만치 확장되었습니다. 인간의 지식과 경험이 인간의 내면과 밖으로 점점 더 확장되면서 유신론적 종교는 철학에게, 철학은 과학에게 점차 자리를 내어 주게 됩니다. 현대는 과학과 과학적 방법론이 모든 분야에서 우월한 위치를 차지하고 있지요. 인간의 정신세계는 심리학과 뇌 과학이, 물질세계는 물리학과 생화학이 큰 성과를 올리면서 상대적으로 종교와 철학의 입지를 좁게 만들고 있습니다.

하지만, 유기체인 인간으로서는 그 무엇보다도 삶과 죽음의 문제에 천착할 수밖에 없습니다. 육체와 정신의 복합체인 '나'는 어떻게 존재하게 되었으며, 죽음 너머에는 무엇이 있으며, 삶의 궁극적인 의미는 무엇인가. 생로병사의 비밀을 좇다 보면 마침내 만나는, 끝내 만나야만 하는 한 분이 있습니다. 2,500여 년 전 '위없이 바르고 원만한 깨달음'을 성취한 그분, 붓다입니다.

붓다께서 깨달은 진리인 '연기법'을 이해하기 위해서 굳이 불교에 귀의해야 할 필요는 없습니다. 학문적인, 지적인 태도에서 접근해도 좋습니다. 그런 분들에게는 서양의 근현대 철학자인 칸트, 니체, 흄, 쇼펜하우어, 비트겐슈타인, 소쉬르, 들뢰즈의 사유 체계, 동양의『주역』과 노자·장자 철학, 아인슈타인의 상대성 이론이나 양자역학, 인공지능과 뇌 과학 등의 이해에 연기법이 큰 도움을 줄 수 있다는 점을 귀띔해 드립니다.

　현대의 실존주의, 현상학, 구조주의, 해체철학과 자연과학이 수천 년 전의 사유와 경험에 접근하고 있다는 역설적인 사실이 흥미롭지 않은가요. 불교 사상을 근현대 철학에 비추어 보자면, 초기불교는 칸트의 초월적 관념론, 실존주의, 현상학, 구조주의, 해체주의에 배치할 수 있겠고, 유식학은 피히테의 주관적 관념론, 대승불교는 셸링의 객관적 관념론, 선불교는 헤겔의 절대적 관념론, 중국의 노자·장자, 양명학에 빗댈 수 있겠습니다.

유무와 생멸의 의존적 상호 발생

　이것이 있으므로 이것(저것)이 있고,
　이것이 일어남으로 이것(저것)이 일어난다.
　이것이 없으므로 이것(저것)이 없고,
　이것이 사라짐으로 이것(저것)이 사라진다.

　이것이 연기법입니다. 인과법, 상호의존적 발생, 비선형적 상호인과율 등으로 부르기도 합니다. '있음'과 '없음', '일어남'과 '사라짐'이 과거에도 있었고 현재에도 있으며 미래에도 있을 고정불변의 독립된 실체가 아니라, 이것과 저것에 서로 의지해서 있고 없으며 발생하고 소멸하는 현상이라는 것입니다. 비유하자면, 유무(有無)와 생멸(生滅)의 현상 속살에 새겨진 무늬라고 할까요. 모든 존재, 사물과 사건, 요컨대 사실과 현상을 가능케 하는 조건, 원인이 바로 연기법입니다. 생각보다 단순하고 싱거운가요? 결코 그렇지 않습니다.

붓다께서 가르침을 펼쳤던 2,500여 년 전부터 지금까지도 크게 영향을 미치고 있는 실체론(實體論)과 유물론(唯物論), 유신론(有神論)을 보세요. 연기법이 참으로 소박하고 단순하고 수준이 낮아서 그들이 무시하고 배척한 것이 아니라, 연기법의 심오하고 미묘함, 오직 지혜로운 이들만이 꿰뚫어 볼 수 있는 경지인 까닭에 차마 가까이 하지 못할 따름입니다. 그도 그럴 것이, 충실한 불교 신자들마저도 연기법을 온전히 이해한다고는 장담하기 무척 어려운 현실이니까요. 붓다의 제자 가운데 가장 지혜로웠다고 평가받는 사리붓따마저도 연기법에 대해서 통달했다고 섣불리 말하지 말라고 붓다께 꾸지람을 들었을 정도입니다.

동시대 상당한 사유 체계를 갖춘 그리스나 중국이 아닌 인도에 붓다께서 출생한 까닭도 매우 의미심장합니다. 깊이 있는 사유 체계뿐만 아니라 다양한 수행법 또한 널리 자리 잡고 있었기에 인도를 선택했을 것이라는 추론은 타당합니다. 진리를 깨닫기 위해 출가를 결심하기 전, 붓다의 태도에 큰 관심을 가져야 합니다. 그는 태어나면 늙고 병들어야 하고 끝내 죽어야만 하는 삶의 궁극적인 의미를 '고통'이라고 직관했습니다. 왕족으로서 온갖 향락을 누린 그는 행복 속에 감추어진 고통을 꿰뚫어 보고서, 이러한 고통스러운 삶이 전개되는 원인을 찾기 위해 29살에 모든 것을 버리고 출가했습니다. 그리고 6년 만에 정등각을 이루고 여래, 아라한, 붓다가 되셨습니다.

그렇습니다. 진리인 '연기법'은 붓다께서 고통을 철저하게 이해하고, 그 원인을 찾아낸 과정 그 자체입니다. 여기까지는 사변철학과 과학의 몫일 수도 있습니다. 하지만 붓다는 여기에서 멈추지 않고 나아갑니다. 고통의 원인을 제거하고 뿌리 뽑고 소멸할 수 있는 방법이자 길을 제시했습니다. 그리하여 큰 가르침으로, 더없이 위대한 스승으로 역사에 한 획을 그었지요.

상호 의존적으로 발생한 법은 세 가지 보편적 특성을 지닙니다. 이를 '3법인(三法印)'이라 지칭합니다. 공문서에 찍힌 도장은 그 누구도 부정할 수 없는 권위를 지닙니다. 제행무상(諸行無常), 제행개고(諸行皆苦), 제법무아(諸法無我). 영원하지 않고 변하며, 그렇기에 불만족스럽고 불완전하고 고통스러우며, 그러한 상태를 좌지우지할 수 있는 고정된 실체라고 할 무엇이 없다. 물론 실체가 없다뿐이지 법은 실재합니다. 존재 자체를 부정하지는 않습니다. 한 삶을 단위로 하는 경험적 개별자인 '나'를 현실에서 지울 수는 없는 노릇이니까요. 현실의 나는 실체가 아닌, 타자(他者)와 변별되는 대자

(對目)로서의 나일 따름입니다.

연기법은 세포 단위의 생명체에서부터 물질의 최소 단위, 인간
의 심리, 더 나아가 저 광대한 우주에 편재하는 모든 존재들, 갖가
지 사회 현상들에게까지 두루 미칩니다. 보편적 진리이니까요. 하
지만 붓다께서 유기체인 인간 삶의 현실에 초점을 맞춘 까닭은 우
리가 인간이기 때문입니다. 개미도 코끼리도 아니고 나무와 바위도
아닌, 지적 생명체인 인간이 직면한 지금여기에서의 고통의 문제를
해결하는 것이 급선무이죠. 생명의 기원이나, 우주 발생의 처음과
끝 등의 물음에는 붓다께서 답하지 않았습니다. 물론 6신통(신족
통, 신이통, 타심통, 숙명통, 천안통, 누진통)을 체득한 터라 의문을
해결해 줄 수는 있지만, 발등에 떨어진 문제를 해결하는 것이 보다
더 중요하기에 침묵을 지키셨습니다. 붓다께서는 형이상학적인 지
적 탐구를 단호하게 거부했습니다. 번뇌의 소멸과 해탈, 열반을 성
취하는 데 큰 이득이 없다는 까닭에서입니다. 언어와 사유가 삶의
참모습을 드러내는 데 있어 매우 중요한 몫을 하지만 또한 그 한계,
그릇된 견해와 망상의 확대 재생산을 경계한 것이죠. '독화살의 비
유'가 이를 명쾌하게 보여 주고 있습니다.

붓다의 깨달음의 내용을 4성제(四聖諦)라 합니다. 고(苦), 집(集),
멸(滅), 도(道). 네 가지 성스러운 진리라 흔히 일컬어집니다. 이는
번역상의 오류입니다. 진리가 어찌 네 가지이며, 게다가 고통이 성
스러운 진리일 수는 없지 않겠습니까. 네 가지 성스러운 진실로 이

해해야 합니다. 진리는 오로지 연기법일 따름이며, 진리의 눈으로 통찰하니 존재하는 법들의 실상이 무상, 고, 무아임이 밝혀진 것입니다. 그리하여 삶의 궁극적 귀결인 고통의 원인이 무엇인지, 나아가 그 원인을 제거하는 길이 무엇인지 명확하게 드러내 주신 겁니다. 4성제로서 우리는 진리의 이해에 멈추지 않고, 현상적이고 불완전한 행복에 감추어진 고통의 정체와 그것을 온전히 제거함으로써 완전한 행복을 성취할 수 있게 되었습니다.

붓다의 진리인 연기법은 육체와 정신의 복합체인 한 인간의 생성과 소멸, 지금 여기에서 한 생각의 일어남과 사라짐, 고통으로 귀결되고야마는 한 삶과 한 생각의 전개 과정을 명확하게 밝혀 줍니다.

無明(↔煩惱)-行-識↔名色-六入-觸-受-愛-取-有-生-老死. 愁悲苦憂惱(슬픔, 비탄, 고통, 고뇌, 좌절)

이것은 12지(支)연기라 합니다. 연기는 설법의 대상과 내용에 따라 2지부터 12지까지 다양하게 설해지고 있지만, 삶과 고통의 전개를 전반적으로 조망하기에는 12지연기가 적절하며, 그런 까닭에 가장 많이 경전에 기록되어 있지요.

존자 아난다가 세존께 이와 같이 말했다.
"아난다여, 이 연기의 법칙은 깊고도 심원하다. 아난다여, 이 법칙을 깨닫지 못하고, 이해하지 못하고, 파악하지 못함

진짜 불교 가짜 불교

으로써 뭇삶들은 방치된 편물처럼 뒤죽박죽이 되고, 실타
래처럼 헝클어지고, 잘못 배열된 문사초나 등심초와 같아
괴로운 곳, 나쁜 곳, 비참한 곳으로의 윤회를 벗어나기 어
렵다."

　　　　　－ 전재성 박사, 「인연의 경」, 『상윳따니까야』, 한국빠알리성전협회

무명(無明)↔번뇌(煩惱)

어떤 수행승이 세존께 물었다.

"세존이시여, '무명, 무명'이라고 하는데, 무명은 어떠한
것이고, 어떤 점에서 무명에 빠진 자가 됩니까?"

"수행승이여, 이 세상에 배우지 못한 일반 사람은 물질에
대해 잘 알지 못하고, 물질의 생성에 대해 잘 알지 못하고,
물질의 소멸에 대해 잘 알지 못하고, 물질의 소멸에 이르는
길에 대해 잘 알지 못한다.

느낌에 대해… 지각에 대해… 형성에 대해… 의식의 소멸
에 이르는 길에 대해 잘 알지 못한다.

수행승이여, 이것을 무명이라고 부르고, 이런 점에서 무명
에 빠진 자가 된다."

　　　　　　－ 전재성 박사, 「무명의 경」, 『상윳따니까야』

12지연기의 첫머리에는 무명이 있습니다. 그리고 무명의 조
건·원인으로 번뇌가 자리합니다. 이 둘은 상호작용합니다. 식(識)

과 명색(名色)도 상호작용하는 것으로 강조합니다. 물론 연기법이 '의존적 상호 발생'이기에 무명과 행, 행과 식도 상호작용하기 마련입니다. 행은 무명을 더욱 강화시키고, 식과 행 또한 마찬가지입니다. 그럼에도 굳이 이 두 쌍의 인과(因果), 연기(緣起)를 강조한 것은 무슨 까닭일까요. 무명 이전의 조건을, 제 1원인을 탐구하지 말라는, 사유의 질곡인 무한소급의 오류에 빠지지 말라는 가르침입니다. 식과 명색의 경우는, 무명과 행이 생략되고 곧잘 설해지는 10지 연기에서 식 이전으로 굳이 소급하지 않아도 별 탈 없다는 뜻입니다. 또한 정신과 육체의 복합체인 인간 존재(5온)를 가리키기도 하기에 둘을 엮어 놓은 것이죠.

무명은 4성제와 3법인, 연기법 등에 관한 근본적 무지를 가리킵니다. '근본적'이라 함은 결국 진리에 접근을 어렵게 하기 때문에 연기법도 3법인도 4성제도 이해할 수 없게 만듭니다. 이러한 무명의 발생 조건이 번뇌입니다. '흘러 들어와 오염시킨다.'는 의미에서의 번뇌는 3가지로 설명됩니다. 욕루(慾漏), 유루(有漏), 무명루(無明漏). 감각적 쾌락의 욕망, 존재의 욕망, 무지. 이 셋은 불교의 세계관인 욕계, 색계, 무색계와 연관되어 있습니다. 감각적 쾌락의 욕망에 젖어 있으면 저열한 욕계에서 벗어나지 못하고, 존재의 욕망에 속박되어 있으면 욕계보다는 수승하지만 여전히 생멸을 거듭하며 고통을 받아야 하는 색계와 무색계에서 벗어나지 못합니다. 근본무지인 무명이 조금씩 벗겨지는 정도에 따라 욕망이 흐릿해지면서, 욕계와 색계, 무색계인 중생계에서 마침내 탈출할 수 있게 됩니다.

진짜 불교 가짜 불교

번뇌는 마음을 오염시키고 결국 지혜를 무력하게 만드는 장본인입니다. 또한 무지는 번뇌를 확대 재생산시킵니다. 욕망과 무지를 뿌리 뽑아야 결국 고통이 제거됨을, 4성제에서 고통의 원인인 집성제가 말해 주고 있습니다.

행(行)

행은 '형성 작용 또는 그러한 작용을 지닌 법'입니다. 모든 법은 연기하는 조건으로서의 힘과 작용을 지니고 있습니다. 그렇기에 형성된 법뿐 아니라, 형성력이 있는 법, 형성 작용 자체로도 이해해야 합니다. 존재의 측면에서 보느냐, 작용의 측면에서 보느냐에 따라 법에 대한 이해는 좀 더 폭넓어집니다.

어떤 법이든 발생의 조건은 단일하지 않습니다. 꽃이 피기까지, 구름에서 빗방울이 생성되기까지, 남녀 간에 사랑이 싹트기까지 물리적인 심리적인 다양한 조건이 절묘하게 어우러져야 합니다. 다만 이해를 돕기 위해서 우리는 가장 가까운 중요한 조건, 원인을 꼽는 것이죠. 무명에서 행이 발생한다고 하여 무명만이 유일한 행의 조건이라 여겨서는 안 된다는 얘기입니다. 무명의 조건인 번뇌 또한 행의 조건입니다. 행의 결과인 식 또한 행의 발생의 조건으로 작용합니다. 직접적이든 간접적이든, 연기는 원인과 결과가 서로 뒤바뀌어 결과가 원인으로 작용하는 피드백(feedback) 즉 유기적인 되먹임의 구조를 갖고 있다는 점을 잊어서는 안 됩니다. 연기법이 중

충적이고 복합적이며, 또한 유기적인 구조를 지녔음을 알 수 있습니다.

행의 구체적 예로 3가지를 경전에서는 밝히고 있습니다.

　몸(身)- 들숨, 날숨
　말(口)- 일으킨 생각, 살펴봄
　마음(心)- 느낌(受)과 인지(想)

아비담마에서는 심(心) 대신 의(意)를 꼽는데 이는 업(業)을 의식한 까닭입니다. 하지만 업은 뒤의 지분인 애(愛)-취(取)에서 드러납니다. 여기에서는 무명업의 결과로 형성된 법들이라고 이해해야 옳습니다. 무명으로 인해서 정신과 물질, 즉 5취온이 형성된다는 가르침입니다. 무명과 행이 탈락한 10지연기만으로도 한 개체의 삶의 전개는 충분하지만, 굳이 넣은 까닭은 연기 작용에서 늘 함께 일어나는 무명의 근본적 입지를 강조하기 위한 배려라고 생각됩니다.

들숨과 날숨이 몸을 형성시키는 법이고, 말은 생각을 일으킴과 일어난 생각을 살펴보는 행위가 형성시키는 것이며, 마음은 감수(受)와 인지(想)로 형성됩니다. 몸을 형성하고 유지하는 조건인 법으로는 호흡과 혈액, 음식 등이 있지만, 호흡을 꼽은 것은 가장 직접적이고 중요한 조건이라는 의미입니다. 말의 형성 조건은 사유입니다. 생각하고 말로 표현하는 것이죠. 하지만 언어 없이 사유가 가능할까요. 언어의 구조는 사유의 구조와 같습니다. 사유는 언어로써 내적으로 구성되는 것이며, 언어는 사유의 내용을 외적으로 표현하는 것으로, 동전의 양면과도 같다 할 수 있습니다. 정신세계를 다루는 현대의 분석 철학이 언어의 구조를 탐구하는 것도 이런 까닭에서입니다.

여기서 조심해야 할 것은 바로 마음과 감수, 인지의 관계입니다. 아비담마(주석서, 논장 중심의 불교)인 부파불교와 대승불교에서는 마음이 감수와 인지를 발생시키는 조건으로 이해하고 있습니다. 육체와 정신의 결합체인 5온에서 육체인 색(色)을 제외한 정신적 요소로 受(감수), 想(인지), 行(형성), 識(의식)이 있지만, 마음은 없습니다.

이 마음을 놓고서 2천년이 넘도록 깊은 오해가 자리했습니다. 마음이 감수와 인지를 형성하는 것으로 이해하고, 의식을 마음인 심왕(心王, 근본 마음), 감수와 인지, 형성을 심소(心所, 마음의 작용)로 정리해 버린 것이죠. 마음을 초월적 실체로 여기는 오해와 착각은 너무도 뿌리 깊어서 근절이 되지 않고 있습니다. 대승 경전인 『화엄경』에서는 마음을 붓을 쥔 화공으로 비유하지만, 사실 붓다께서는 다양한 그림으로 비유했습니다. 중생심, 주인공, 참나, 진여, 여래장, 불성, 아뢰야식 등은 실체화시킨 마음의 또 다른 이름에 지나지 않습니다.

앞에서 밝히고 있듯이, 마음은 수와 상을 조건으로, 즉 감성적인 측면과 이성적인 측면이 어우러져서 형성되는 심리(心理)라고 정의할 수 있는 법이며, 행은 형성, 식은 대상을 알아차리는 의식이라고 보아야 마땅합니다. '의식-심리-형성'의 시스템이 바로 정신인 것이죠. 대상을 인식하고 그 결과 마음이 재구성되어 생각과 말과 몸짓으로 다시금 대상에 영향을 미치는 것입니다. 뇌의 중추신경계와 말초신경계가 관여하는 정보의 입출력 시스템이 연상됩니다.

心과 意, 識을 동일시하는 것도 아비담마의 오류입니다. 몸의 감각기관이자 기능인 육입처 안(眼), 이(耳), 비(鼻), 설(舌), 신(身), 의(意)에서 意를 마음이라 해석합니다. 분명히 말하지만, 의는 뇌입니다. 눈은 시각 기능, 귀는 청각 기능, 코는 후각 기능, 혀는 미각 기능, 몸은 촉각 기능, 뇌는 생각 기능의 기관입니다. 감각기관과 대상인 색, 성, 향, 미, 촉, 법을 배치하다 보니, 물질인 색, 성, 향, 미, 촉을 제외한 비물질적인 법과 짝을 이루는 의는 마땅히 정신적 요소여야 한다는 강박관념이나 섣부른 진단에서 비롯한 실책입니다.

뇌가 없다면 어떻게 정신적인 기능이 발현하겠습니까. 의식 불명이나 뇌사 등의 경우는 말할 것도 없고, 머리에 약간의 충격만 주어져도 정신적인 기능이 현저하게 떨어지기 마련입니다. 최근 뇌 과학이 이룬 성과가 이를 증명해 주기도 합니다. 물론 의식을 뇌의 부수적인 산물로 취급하는 유물론적 태도는 부정할 수밖에 없지만.

진짜 불교 가짜 불교

불경이 그렇듯 『성경』, 노자의 『도덕경』, 공자의 『논어』, 맹자의 『맹자』 등 옛 성인과 현자들의 저술들은 당대에 직접 제작된 것이 아닙니다. 사후에 제자들이 기억을 더듬어 편집한 것이지요. 장차 논란이 일어날 것을 모르지 않았을 터라 소중한 가르침을 기록하지 않은 그 속내를 가늠키는 어렵습니다. 여기에서 원전 진위 검증의 문제가 불거지기 마련입니다. 기억은 불완전하는 데에서 멈추지 않고 인위적인 조작이 가능합니다. 원전 제작에 참여한 이들의 기억이 왜곡, 굴절, 변형, 첨삭되지 않았으리라 확신할 수 있을까요? 붓다의 가르침은 남방의 『니까야』와 북방의 『아가마』 두 갈래로 전승되었습니다. 그런데 두 경전의 내용이 똑같지 않고, 60~70퍼센트 정도만 겹칩니다.

붓다 사후에 수행 공동체인 승가는 견해의 차이로 20여 부파로 나뉘어졌습니다. 가장 기본적이고 중요한 교리와 계율, 수행법의 이해에서 충돌이 빚어졌던 것이죠. 얼마 전 '대승비불설(大乘非佛說)'이 불거진 것도 무리가 아닙니다. 2,500여 년의 장구한 역사를 자랑하며 세계 종교로 자리매김한 불교의 이면에 짙은 그늘이 자리하고 있다는 사실을 간과해서는 안 되겠지요. 이질적인 언어와 사상을 받아들일 때 그 의미와 개념의 혼란은 지극히 당연합니다. 붓다께서도 누누이 당부하셨듯, 경전을 대할 때도 선지식들의 법문을 받아들일 때도 칼날 같은 비판적 태도를 취해야 함은 물론입니다.

무명을 조건으로 행이 발생합니다. 몸과 말, 마음. 이는 '나, 자기'

라고 하는 개별적이며 독립적인 지적 생명체를 구성하는 요소입니다. 어쩌면 철학적으로 '나'의 탄생이라 볼 수도 있겠지요. 진리인 연기를 모르는 어둠의 상태인 무명으로 인하여, 제법의 실상이 '무상, 고, 무아'임을 또한 이해하지 못하고, 죽음이 나만은 비켜갈 것이고 지금의 어려움과 고통은 순간이며 머지않아 돈, 사랑, 명예, 권력을 움켜쥐고서 더없는 희열과 기쁨, 행복을 영원히 내 것으로 할 수 있을 것이라 믿어 의심치 않습니다. 이를 '걷잡을 수 없이 어긋난 꿈같은 생각(顚倒夢想)'이라 합니다.

'무명-행'의 고리는 무지와 번뇌로 인하여 고단한 유기체인 '나'로서의 삶이 마침내 전개된다는 선언입니다. 철학과 과학이 접근할 수 없는 영역이기도 합니다. '무명-행'의 고리, 이 둘의 연기적 관계만으로도 삶에 대한 전반적인 조망은 이루어집니다. 진리를 모름으로써 범부 중생으로서의 삶이 펼쳐진다는 것이니, 진리인 연기를 깨달으면 번뇌에 시달리는 고달픈 중생살이를 마감하고 해탈, 열반에 이른다는 가르침 아니겠습니까. 12연기의 전개를 '유전문', 역순을 '환멸문'이라 칭하듯, 무명으로 인하여 생멸의 삶이 전개되지만 무명을 깨뜨리면 생멸의 삶이 부서진다는 이치입니다. 뒤이은 10가지 고리의 연기 전개는 근본적인 무지로 인하여 펼쳐지는 중생의 삶이 어떻게 고통으로 귀결되는지 말해 줍니다. 무지와 욕망의 변천사라고 봐도 무방합니다.

'무명-행'의 고리는 12지연기의 여러 해석 가운데 하나인 3세양중인과설에서 전생에 속합니다. '식-유'까지가 현생, '생-노사, 수비우고뇌'가 후생입니다. 윤회하는 중생의 삶이라는 관점에서 이해의 폭이 넓어지기도 하지만, 논리적으로 모순되는 구석이 있습니다. 무명을 깨뜨리기 위해서는 과거로 회귀해야 할 것이며, 삶의 궁극적 결과인 고통을 확인하기 위해서는 미래로 건너가야만 합니다. 또한 금생의 시작인 '식↔명색'의 해석도 선뜻 납득하기엔 어려움이 큽니다.

식(識)↔명색(名色)

식은 의식입니다. 대상을 분별해서 안다는 것이 의식의 속성이자 기능입니다. 명색은 이름과 물질입니다. 색은 지수화풍 (地水火風) 4가지 요소와 그들이 어우러져서 형성시킨 물질, 여기에선 몸을 말합니다. 이름(명칭)은 이들 물질적 요소가 아닌 비물질적인 정신적 요소를 가리킵니다. 수(受), 상(想), 사(思), 촉(觸), 작의(作意)가 바로 그것입니다. 思, 觸, 作意는 行에 포함되는 형성 작용들입니다. 식과 명색은 곧 개별적 유기체인 존재 즉 5온(색수상행식)을 가리킵니다. 무지로 인해서 '나'를 형성하는 모든 법들이 발생하고, 이제 욕망의 주인공인 '나'란 어떻게 구성되었는지 분석하는 자리입니다.

'나'란 정신적 육체적 복합체인 5온이므로 정신적 요소들(수상행식)과 육체적 요소들(색)을 구별해서 갈래짓는 게 통상적인 이해겠지만, 식을 따로 떨어뜨려 놓고 명과 색을 뭉쳐 놓은 것에는 특별한 이유가 있을 겁니다. 이는 윤회와 관련이 있습니다. 유기체인 나는 삶을 유지할 수 있는 조건들이 변하면 죽음을 맞이합니다. 의식을 제외한 정신적 요소들인 수상행은 금생의 몸과 함께 소멸하고, 다음 생의 몸과 함께 생성됩니다. 몸이 바뀌는 만큼 이전의 축적된 경험들, 정보들이 말끔히 사라지고 백지 상태에서 시작합니다(초기화, reset). 하지만 의식은 몸에 직접적으로 구속되어 있지 않은 까닭에 금생에서의 축적된 정보를 다음 생으로 갖고 갑니다. 물론 의식 또한 연기의 법칙에 따라 생멸합니다만, 오랜 세월 윤회하면서 경험한 모든 앎, 지식, 정보들이 누적되어 있습니다. 그렇기에 수행을 통해서 과거의 앎, 경험, 지식들을 꺼낼 수 있는 것이죠.

부파불교 시대에 등장한 3세양중인과는 한국 불교에서 연기의 정설로 굳건하게 자리 잡았습니다. 3세양중인과설에 따르면, 식은 과거생에서 금생으로 연결되는 '재생 연결식'입니다. 명색은 금생의 몸과 정신이기에 온전한 5온이어야 하지만 식이 빠져 있기에 당혹스럽습니다. 개체 발생의 최초 상태인 수정란으로 이해해야 할까요. '재생 연결식'이라는 개념이 함축하고 있는 의식이 윤회의 주체라는 의미 또한 불편합니다. 윤회의 주체는 5온입니다. 윤회를 거듭하는 중생은 5온에서 벗어나지 못합니다. 윤회의 조건, 동력은 업으로, 의도적인 사유, 말, 몸짓으로 행하는 세 가지 업 가운데 의도적인 사유가 근본적입니다.

"중생은 업이 그 주인이고, 업의 상속자이고, 업에서 태어

났고, 업이 그들의 권속이고 의지처이다. 업이 중생들을 구
분지어서 귀하고 천하게 만든다."

– 전재성 박사, 「업 분석의 짧은 경」, 『맛지마니까야』

思는 의도·의지인 업이며, 觸, 作意는 행입니다. 즉 업이 행의 하
위 개념임을 드러내고 있습니다. '촉, 작의'는 의도가 없는, 업이 아
닌 기계적인 생명 활동이라 보아도 무방합니다. 촉은 수와 상 즉 마
음을 형성시키는 형성 작용이며, 작의는 의식을 형성시키는 형성
작용입니다. 감각기관과 대상 그리고 의식이 함께하는 촉은 느낌과
인지의 경험을 가져오는 작용이지만, 어떤 느낌과 인지이냐는 '한순
간 이전의 누적된 마음'이 개입된 상태에서 구성됩니다. 즉, 마음→
촉→대상을 인식→마음의 재구성→업과 형성 작용→마음의 재구성
→인식…. 이렇게 5취온이 작동하면서 삶이 전개되는 것이죠. 쉽게
표현하자면 마음을 토대로 인식하고 행위 하는 유기적 시스템이 곧
사람입니다.

식과 명색의 관계를 다른 각도에서 이해하고자 하는 주장도 있습
니다. 명색을 6내입처(內入處)로, 6입을 6외입처(外入處)로, 촉을
앞의 지분들(식, 내입처, 외입처)을 조건으로 하는 만남(3사화합)으
로 해석합니다. 이러한 해석은 부파불교나 대승불교에서는 전혀 찾
을 수 없는데, 인식론적인 측면이 좀 더 강조되었다고나 할까요.

6입(六入)

6근(根)은 감각기관인 눈, 귀, 코, 혀, 몸, 뇌를 말합니다. 이러한 감각기관이 제각기 인식할 수 있는 고유의 대상인 형상, 소리, 냄새, 맛, 감촉, 사실을 6경(境)이라 합니다. 6근과 6경은 6입처와 같지 않습니다. 6입처는 안의 6내입처와 바깥의 6외입처로 나뉩니다. 6내입처는 6근에 마음이 함께한 자리이며, 6외입처는 6경에 마음이 함께한 자리입니다. 우리가 사물을 인식할 때, 단순히 감각기관인 6근이 대상인 6경을 인식하는 것은 아닙니다. 마음이 개입한 6내입처가 또한 마음이 개입한 6외입처를 인식합니다.

> "벗이여, 시각이 형상에 묶여 있고 형상이 시각에 묶여 있다면, 괴로움의 완전한 소멸을 위하여 청정한 삶이 올바로 시설될 수 없습니다. 벗이여, 시각이 형상에 묶여 있지 않고 형상이 시각에 묶여 있지 않고, 그 양자를 조건으로 생겨난 욕망과 탐욕이 있는데, 그것들은 그것에 묶이게 됩니다. 그러므로 괴로움의 완전한 소멸을 위하여 청정한 삶이 올바로 시설될 수 있습니다."
>
> – 전재성 박사, 「꼿티나경」, 『쌍윳따니까야』

6내입처와 6외입처의 각각에 배치되는 6식, 이렇게 18계(界)라 합니다. 이것이 우리를 둘러싼 세계입니다. 우리가 사물을 인식할 때 탐욕과 성냄과 어리석음의 번뇌에 물든 마음이라는 색안경을 걸

진짜 불교 가짜 불교

치고 있는 까닭에 사물을 있는 그대로 인식하지 못한다는 얘기입니다. 이는 곧, 우리 모두 제각기 전혀 다른 세상, 삶의 풍경을 마주하고 있음을 말해 주고 있습니다. 불교의 세계관은 인식과 밀접하게 관련되어 있지요. 인식의 그물에 포착되지 않는 대상은 외면합니다. 이는 불교의 궁극적인 지향이 '지금, 여기에서 고통을 뿌리 뽑고 진정한 행복을 추구'하기 때문입니다. 원자, 쿼크 등의 미시적 물질계와 우주 등의 거시적 물질계를 탐구하는 자연 과학의 목적과는 전혀 다른 행보입니다. 물론 과학과 철학이 건네주는 지식이 삶을 좀 더 풍요하게 만들어 준다는 사실을 부인하지는 않습니다.

3계 5도로 정리된 불교의 세계관은 일반 대중에게 무척이나 낯섭니다. 3계는 욕계(慾界), 색계(色界), 무색계(無色界)입니다. 욕계는 감각적 쾌락을 추구하는 욕망이 지배적인 세계로 육체가 매우 거칠고 조밀하며, 저열한 감각적 욕망은 떨구었지만 선정을 탐닉하는 색계와 무색계는 육체가 가볍고 미세하며 정신이 매우 맑은 수준의 세계입니다. 무색계를 육체가 없는 정신적 요소만으로 이루어진 존재로 이해해서는 안 됩니다. 중생은 5온으로 이루어졌기 때문입니다.

소유의 욕망을 동력으로 하는 욕계는 고통과 행복의 정도에 따라서 다섯 세계로 나뉩니다. 지옥, 축생, 아귀, 인간, 천상. 이후에 아수라를 더해서 6도라 하기도 합니다. 지옥과 아귀, 천상은 화생(化生), 짐승은 난생(卵生), 습생(濕生), 태생(胎生), 인간은 태생의 과정을 거쳐서 발생합니다. 저열한 소유적 욕망을 떨구고 존재의 욕망을 동력으로 하는 색계와 무색계는 고통이 거의 없는 수승한 세계이지만, 중생계이기에 죽음과 윤회의 고통은 피할 수 없습니다. 욕계의 하늘나라는 도덕적 실천만으로 태어날 수 있지만, 색계와 무색계는 도덕적 실천과 아울러 사마타, 위빠사나 수행(止觀兼修, 定慧雙修)을 통하지 않고서는 태어날 수 없는 세계입니다. 붓다의 가르침을 접하지 않는 일반인들은 허무맹랑한 소설로 여기겠지만, 수행을 통해서 확인할 수 있는 경지입니다. 붓다의 가르침에는 손톱만큼의 거짓도 없습니다.

촉(觸)

감각기관인 6내입처와 바깥 대상인 6외입처 그리고 6식이 함께하는 작용을 촉, 3사화합(三事和合)이라고 합니다. 동행, 만남의 뜻이죠. 이로써 인간은 바깥세상과 소통을 합니다. 형상, 소리, 냄새, 맛, 감촉, 사실. 생각의 대상인 사실들은 법(法)으로 번역되었는데, 전(前)5식(시각의식, 청각의식, 미각의식, 후각의식, 촉각의식)의 통합적인 귀결처이자 기억, 상상의 총체로 이해하면 됩니다. 6식인 의식에 이르러서 인식 과정이 마무리됩니다. 인식은 과보입니다. 보고 듣는 게 아니라 보이고 들린다는 얘기입니다. 어떤 마음이냐에 따라서 대상에 대한 나의 인식이 달라집니다. 두 사람이 같은 거리를 걸어도 제각기 눈에 띄는 대상은 같지 않습니다. 사랑에 굶주린 친구는 마음에 드는 이성이 눈에 들어오며, 자동차에 욕심이 많은 친구는 비싼 차가 눈에 들어옵니다. 어제의 내 마음과 오늘의 내 마음이 다르듯이, 어제의 눈길을 사로잡은 대상과 오늘의 눈길을 사로잡은 대상은 달라집니다.

삶의 과정을 통해서 이제껏 축적된 경험과 지식이 한 인간의 성향, 태도를 형성합니다. 일례로 감각기관이 눈을 통해서 사물을 본다는 사건에는 인식과 행위의 두 갈래가 있습니다. 인식으로서의 봄은 '보이는 것'이고 행위로서의 봄은 '의도가 개입된 보는 것'입니다. 길을 걸을 때 눈에 띄는 것은 자신의 성향, 기호를 원인으로 하는 과보인 것이죠. 자동차에 관심이 많은 사람은 자동차가 눈에 잘 띌 것이고, 이성에 관심이 큰 사람은 매력적인 이성에게 눈길이 꽂힙니다. 과보로서의 인식과정이 끝나면 마음이 재구성되고 의도, 기대, 지향의 정신적 요소들이 어우러진 생각(사유)과 함께 그 대상에게로 눈길을 건넵니다. 혹은 말을 걸거나 손짓으로 호감을 드러내기도 하겠죠.

수(受)

수는 느낌, 감수입니다. 인식에 이어지는 반응이죠. 물론 정신적 요소인 인지(想)가 함께합니다. 수는 고(苦)와 락(樂), 사(捨) 3가지로 구분하지만, 경우에 따라서 5가지 혹은 108가지로 구분하기도 합니다. 고는 불쾌하고 고통스러운 느낌, 락은 유쾌하고 즐거운 느낌, 사는 균형 잡힌 평온한 느낌입니다. 불쾌하고 유쾌한 느낌은 가

급적 지양하고, 평온을 지향하는 것이 감각적 쾌락에 지배되지 않는 길입니다. 그러기 위해서는 상(想)으로 번역된 인지의 도움이 절실합니다.

인지는 표상, 개념, 언어, 기호, 상징 등이 형성되고 그러한 자료들을 토대로 대상에 대한 판단이 이루어지는 정신적 작용입니다. 인지를 색안경으로 비유하기도 합니다. 사람은 제각기 나름대로의 편견, 선입견으로 세상을 마주합니다. 진리인 연기법을 모르기에 그들의 생각과 가치관, 인생관은 대체로 그릇되기 일쑤입니다. 자기 합리화와 정당화, 자기기만의 삿된 길로 빠지기 쉽습니다. '제법 실상 여실지견(諸法實相 如實知見)' 모든 사태와 사실, 존재의 모습을 '있는 그대로 알고 봄.' 제법의 참 모습이 '무상, 고, 무아'임을 꿰뚫어 보고 안다면, 모든 굴레와 속박에서 벗어날 수 있습니다. 이것이 해탈이고 열반 아니겠습니까.

감성적 작용인 수와 이성적 작용인 상이 바깥 대상에 대한 심리적 태도인 마음을 형성합니다. 탐욕의 마음, 성냄의 마음, 어리석은 마음, 자애로운 마음, 연민의 마음, 지혜로운 마음 등 보통 16가지 마음으로 구분하는데, 사실은 사람 수만큼 마음의 종류도 다양할 것입니다. 아비담마에서는 마음이 물질보다 16~17배 빠르게 일어나고 사라진다고 합니다. 양자역학에서 물질의 생멸 속도를 10^{22}인가로 확인했다니 마음의 속도는 상상할 수 없겠지만, 큰 의미는 없겠죠. 변화무쌍한 마음을 냉정하게 바라볼 수 있어야, 감각적 쾌락을 내

진짜 불교 가짜 불교

것으로 하겠다는 소유적 욕망에서 좀 더 자유로울 수 있을 겁니다.

　　至道無難 唯嫌揀擇
　　但莫憎愛 洞然明白

　　지극한 도는 어렵지 않음이요
　　다만 취하고 버리는 것을 꺼릴 뿐이니
　　미워하고 사랑하지만 않는다면
　　확연하게 밝아지리라

　　선불교의 3조 승찬 스님의 게송집『신심명(信心銘)』의 첫 구절입니다. 아름다운 게송입니다. 선종에서는 대체로 마음을 초월적 실체로 여기는 듯한 태도를 취해서 안타깝지만, 모든 수행자가 그러리라고는 믿지 않습니다. 유식학과 중관학을 집대성한 것으로 높이 평가받는『대승기신론(大乘起信論)』에서도 마음이 초월적 실체로 등장합니다. 아비담마에서 대승까지 마음이 일원적이며 관념적인 실체로 자리하면서, 본체와 현상이라는 이분법적 구도가 형성되었습니다. 실체를 부정한 붓다의 가르침과는 매우 이질적입니다.

애(愛), 취(取)

　　愛는 갈구, 갈애라 옮겨집니다. 소유하고자 하는 존재하고자 하는 욕망의 끝없는 압박이 바깥 현실에 투사되는 단계입니다. 취는 취착. 욕망의 투사가 대상에 강하게 달라붙어서 떨어지지 않는 단계입니다. 그런 까닭에 있는 그대로의 본모습이 현실에서 지워져 버립니다. 자본주의 경제 체제에서는 욕망이 소비와 소유라는 형태로 전개됩니다. 욕망의 속성은 만족이 아닌 '끝없이 욕망하기'이므로, 욕망이 자신을 집어삼킬 때까지 인간은 욕망을 멈출 수가 없습니다.

취(取)는 업이 작용하는 단계입니다. 중생들은 생각과 말과 몸짓으로 업을 짓습니다. 취는 견취(見取), 욕취(慾取), 계금취(戒禁取), 아어취(我語取)로 나뉩니다. 견취는 삿된 견해의 집착이며, 계금취는 계율과 금기에 관한 집착입니다. 욕취는 욕계 세상의 집착이며, 아어취는 유신견과 자아의식을 가리킵니다. 무엇보다도 아어취가 중요합니다. 자아의식을 떨구고 뿌리 뽑고 소멸시켜야 마침내 업이 소멸되고 존재를 받지 않게 되기 때문입니다. 보통은 다음 지분인 유(有)를 업으로 해석합니다만, 어떻게 해석해도 근본적인 이해에는 무리가 없다고 봅니다.

유(有)

업력은 두 방향으로 진행됩니다. 바깥 대상과 안의 마음입니다. 안으로는 성향, 체질, 성격, 습관 등이 더욱 견고해지며 또는 새로운 성향과 습관이 형성되기도 합니다. 존재의 측면에서 取와 有는 무척 중요합니다. 어떤 업을 지었느냐에 따라 그 과보인 존재의 형태,

진짜 불교 가짜 불교

양상이 달라지기 때문입니다. 법 없이도 살 것 같다는 선량한 시민이 느닷없이 이웃의 물건을 훔친 절도범으로 돌변하고, 존경받는 성직자나 수행자가 찰나에 성범죄자로 추락합니다.

생(生)-노사(老死)

3세양중인과는 한 단위로서의 유기체가 소멸하고 새로운 몸을 받는 미래 생으로 이해합니다. 하지만 지금여기에서의 고통의 원인인 갈애와 무명이 어떻게 형성되고 또 소멸할 수 있는지에 초점을 맞출 수도 있습니다. 그렇다면 有를 조건으로 우리는 몸은 인간계에 있지만, 한순간이나마 지옥 중생, 축생, 아귀, 인간, 하늘 사람으로 태어났다가 죽고 다시금 새로운 존재로 윤회하는 것이기도 합니다. 어떤 마음으로 어떻게 인식하고 행위 하느냐. 그 순간순간의 업력들이 쌓여서 금생의 '나'라는 정체성이 확립될 것이고, 죽음 후에 어떤 존재로 태어날지 결정됩니다.

죽음이 두려운 까닭은 몰라서 두렵고, 죽음에 이르는 과정이 대체로 고통스럽기 때문일 겁니다. 불멸은 인간의 오랜 숙원입니다. 그렇기에 유신론과 실체론이 여전히 위력을 떨치고 있는 것이죠. 하지만 불교의 가르침은 이와는 전혀 다릅니다. 모든 존재는 이미 불멸입니다. 영원 회귀하는 윤회의 고통스런 과정을 끝내자는 것이 불교입니다.

12지연기는 마음을 토대로 이루어지는 인식과 행위의 정체를 밝혀 주고 있습니다. '무명-행'의 지분은 부파불교에서 덧붙였다는 주장도 있습니다. 12지이든 10지이든 붓다의 가르침을 이해하는 데는 무리가 없습니다. "진리인 연기법은 깊고 심오하고 미묘하고 고요하고 탁월하고 깨닫기 어렵고 슬기로운 자만이 알 수 있다."라고 붓다께서는 말씀하셨습니다. 붓다의 가르침으로 우리는 진리에 성큼 다가갈 수 있게 되었습니다. 이제 수행지도인 8정도를 철저히 닦아 해탈, 열반이라는 경지에 들어서야 한다는 막중한 과제를 해결해야 합니다. 『대념처경(大念處經)』에 의지하여, 사마타와 위빠사나, 정혜쌍수(定慧雙修), 지관겸수(止觀兼修) 수행에 방일하지 않고 노력해야 하겠습니다.

2

3법인

붓다께서 설하신 진리는 연기(緣起)입니다. 2지연기에서 12지연기까지 다양하지만, 대표적인 예로 12연기를 들 수 있지요. 이는 5온(五蘊)의 전개 즉 고(苦)의 발생과 소멸을 가리키는 것이라고 볼 수 있습니다. 이러한 연기는 형성 작용(行)과 형성 작용의 결과로 발생한 법(法, 존재 혹은 존재 상태)의 양 측면에서 고찰해야 합니다.

제행무상(諸行無常)

제행개고(諸行皆苦)

제법무아(諸法無我)

3법인은 연기의 전개 과정에서 드러나는 형성 작용과 법의 실상입니다. 문제는, 제법의 이해에 있습니다. 대개의 속설은, 법을 유위법(有爲法)과 무위법(無爲法, 열반)으로 규정합니다. 탐진치의 연료로 형성된 법이 행인 유위법이며, 무위법은 탐진치가 사라지고 꺼진 상태를 말합니다.

제법무아에서의 법은 유위법과 무위법입니다. 유위법은 탐진치의 업력이 있는 상태인 5취온과 5온, 무위법은 탐진치의 업력이 없는 상태인 5온입니다. 유위법에서의 5취온은 범부중생이며, 5온은 유학성자입니다. 무위법에서의 5온은 아라한입니다. 해탈했지만 과거 삶의 과보인 5온은 그 생명을 다하기 전까지 여전히 무상하고 괴롭습니다. 그렇지만 해탈했기에 다시는 새로운 몸과 정신을 받지 않습니다.

무위법을 반열반, 무여열반으로 오해해서는 안 됩니다. 열반의 존재론적 상태를 규정하는 것은 불가능합니다. 그런 까닭에 꺼짐, 사라짐, 벗어남 등의 부정적 묘사로 드러냈을 따름입니다. 무위법은 유여열반으로 지금, 여기에서의 5온의 생멸임을 잊지 말아야겠습니다. 해탈했지만, 숨도 쉬어야 하고, 밥도 먹어야 하고, 일상의 관계를 유지하기 위해서 대화를 나누어야 하며, 법도 설해야 합니다. 붓다 후대에 유여열반과 무여열반으로 개념의 분화가 이뤄졌지만, '지금, 여기에서의 해탈, 열반'이 관건인 것이지요.

제법-유위법과 무위법-은 모두 형성된 법입니다. 유위법은 형성 작용, 형성력, 업 작용, 업력을 지닌 법이며, 무위법은 형성 작용, 형성력은 있지만, 업력, 업 작용을 지니지 않은 법입니다. 무위법이 열반인 것은 형성되었지만, 더 이상 선법이든 불선법이든 인과를 낳지 않는, 업력이 없는 상태인 까닭에서입니다. 형성 작용과 형성력은 유기체가 한 삶의 단위를 마감할 때까지는 생멸하면서 전개될 수밖에 없습니다.

제법을 노자의 언어인 유위와 무위로 번역한 결과, 매우 심각한 부작용이 발생했습니다. 노자에게 유위는 작위적이고 인위적인 속박을, 무위는 그러한 속박에서 벗어난 행위를 가리킵니다. 당대의 현실을 감안하자면, 유교의 작위적인 인륜 도덕을 부정하고 자연 그대로의 본성을 드러내어 자유를 만끽하자는 것이겠죠. 그런 까닭에 무위는 무불위(無不爲)인 '하지 못함이 없음'으로 전개됩니다. 격의불교가 본뜻과는 다르게 선종 승려들의 막행막식(莫行莫食)이 무애자재행(無碍自在行)으로 화려하게 포장되는 빌미를 제공한 것입니다.

어찌 보면 제법을 유위와 무위로 구별할 까닭이 없습니다. 인간에게 인식되는 형성된 모든 존재와 존재 상태가 법이며, 그러한 법들은 즉 5취온과 5온 모두 고정불변의 실체가 없다는 의미로 받아들이면 됩니다.

열반은 사마타와 위빠사나라는 수행을 조건으로 형성된 법이며, 더 이상 업의 작용을 머금지 않아 인과에서 자유로운 경지입니다. 수행은 선법(7보리분법, 8정도)으로 불선법(번뇌, 장애)을 뿌리 뽑고 제거하고 소멸시키는 유위법의 형성 작용입니다. 경전에서 비유하듯이, 작은 쐐기로 큰 쐐기를 제거하는 것이죠. 이렇듯 선법인 유위법의 형성 작용으로 형성된 법이 무위법입니다.

제법무아는 탐진치로 오염된 중생의 삶과 경계이든, 탐진치가 소멸된 정등각자의 삶과 경계이든 상주 불변하는 실체가 없다는 가르침입니다. 붓다께서 당대에 큰 영향력을 미친 브라만교의 '자아-아뜨만' 설을 깨부수고 무력화하기 위해 고군분투하신 것은 굳이 강조하지 않아도 불자라면 다들 공감할 겁니다. 인류 역사에 출몰했던 모든 종교와 불교의 대척점을 꼽자면 '무아' 아니겠습니까. 열반 또한 영원불변의 초월적 실체로 왜곡되어 받아들일까 염려하시는 붓다의 노파심이 손에 잡힐 듯합니다. 열반의 경지는 언어로써 담아낼 수 없기에 '탐진치의 불꽃이 꺼짐'으로 다만 비유하였을 따름이며, 그러한 '꺼짐의 상태'가 과거와 현재 미래라는 시간의 흐름 속에서 엄연히 존재할 것이라 착각해서는 안 되겠지요.

　무명에 덮이고 갈애에 속박된 범부 중생으로서 '열반'이 이러니저러니 입에 담는 행위 자체가 크나큰 불선업을 짓는 것이라 생각합니다. 다만 번뇌로 오염된 중생들의 5취온의 형성 작용이 항상 하지 않고 변화하기에 불완전하고 불만족스럽고, 그러한 조건으로 인해 형성된 법이 결국 '내 것도 아니요, 나도 아니요, 자아도 아니다.'라는 실상을 늘 염두에 두고서 붓다의 가르침에 따라 수행에 매진해야 할 따름이겠습니다.

3

4성제

붓다께서 체득하신 진리인 연기법과 그 법칙의 현상적 전개인 12 연기는 인류사에 획기적인 이정표라 할 수 있습니다. 무명과 갈애로 인하여 고통스러운 삶을 끝없이 되풀이해야 하는 범부 중생에게 이보다 더 기쁜 복음이 어디 있겠습니까. 인류사에 명멸한 숱한 성인과 현자들 가운데서 유일하게 붓다께서만이 삶을 정확히 진단하고(苦聖諦), 그 원인을 파악하고(苦集聖諦), 그 원인을 제거하기 위한 목표를 설정하고(苦滅聖諦), 목표를 달성하기 위한 구체적인 실천 프로그램(苦滅道聖諦)을 제시하셨습니다. 이 네 가지 성스러운 진실을 4성제라 일컫습니다.

존자 사리뿟따는 이와 같이 말했다.
"벗들이여, 움직이는 생물의 발자취는 어떠한 것이든 모두 코끼리의 발자취에 포섭되고 그 크기에서 그들 가운데 최상이듯이, 벗들이여, 이와 같이 착하고 선한 법이라면 어떠한 것이든 모두 네 가지 거룩한 진리에 포섭됩니다. 네 가지란 어떤 것입니까? 괴로움의 거룩한 진리, 괴로움의

생성의 거룩한 진리, 괴로움의 소멸의 거룩한 진리, 괴로움
의 소멸에 이르는 길의 거룩한 진리입니다…"

　　　　－ 전재성 박사, 「코끼리 발자국의 큰경」, 『맛지마니까야』

　붓다께서 깨닫고 난 후에 함께 수행했던 다섯 도반들을 찾아가서
법을 설하십니다. 이를 『초전법륜경』이라 합니다. 붓다의 깨달음
의 내용은 4성제로 집약됩니다. 4성제를 '4가지 성스러운 진리'라고
옮기는데, '4가지 성스러운 진실'이라고 옮겨야 정확합니다. 진리
는 오로지 단 하나 연기법일 수밖에 없습니다. 하위범주의 법칙도
아닌 진리가 4가지라는 건 가당치 않지요. 진리인 연기법에 의해서
전개되는 삶의 궁극적 의미가 '고'이며, 그렇다면 '고의 원인'이 무엇
인지 마땅히 밝혀야 할 것입니다. 또한 고의 원인을 밝혀냈기에 '고
의 소멸'이 삶의 궁극적인 가치 실현으로 정립되어야 할 것이며, '고
의 소멸에 이르는 길'이 수행방법론으로 제시된 것입니다.

　근본불교와 대승불교의 깨달음의 내용과 궁극적인 지향이 어긋
나는 지점이 4성제이기도 합니다. 근본불교는 깨달음의 내용이 연
기법, 4성제이며 '고의 소멸인 해탈, 열반'이 수행의 목적이지만, 대
승불교와 선종에서는 깨달음의 내용과 지향이 '본래자성, 불성, 한
마음, 그것, 일심' 등의 초월적 실체를 확인하는 것입니다.

　이와 같이 나는 들었다. 한때 세존께서는 바라나씨 시의 이
씨빠다나에 있는 미가다야 공원에 계셨다.

48　　　　　　　　　　　　　　　　　　　　　진짜 불교 가짜 불교

세존께서 다섯 수행승들에게 말했다.

"그러나 수행승들이여, 이와 같이 네 가지 거룩한 진리에 대한 나의 앎과 봄이 세 번 굴려서 열두 가지 형태로서 있는 그대로 인식하여 완전히 청정해졌기 때문에, 나는 신들의 세계, 악마들의 세계, 하느님들의 세계, 성직자들과 수행자들, 왕들과 백성들과 그들의 후예들의 세계에서, 위없이 바르고 원만한 깨달음을 바르게 원만히 깨달았다고 선언한 것이다. 또한 나에게 '나는 흔들림 없는 마음에 의한 해탈을 이루었다. 이것이 최후의 태어남이며, 이제 다시 태어남은 없다'라는 앎과 봄이 생겨났다."

– 전재성 박사, 「초전법륜경」, 『상윳따니까야』

고제(苦諦)-끝내 벗어날 수 없는 고통스러운 삶

세상이 삶이 고통스럽지 않다면 불만족스럽지 않다면, 불교가 설 자리는 없습니다. 삶을 바르게 꿰뚫어 보고 그 참모습이 '무상, 고, 무아'임을 확인하라는 것이 불교의 가르침이니 말입니다. 세상을 싫어하여 떠나고 버리고 집착 없이 해탈해야 한다는 수행의 당위성이 바로 여기에서 비롯합니다. 무상하고 무아이지만 그 결과가 늘 만족과 즐거움이라면 무엇이 문제겠어요. 윤회가 있든 없든, 내가 있든 없든 그저 즐기면 되는 것을.

삶의 궁극적인 의미를 붓다께서는 '고통, 불만족, 불완전, 불합리'

라고 단언하셨습니다. 어떤 삶을 꾸려 나간다 한들 고통에서 벗어날 수 없다고 하셨죠. '고통'은 '4고 8고'로 정리됩니다. 생로병사(生老病死)의 4가지 고통과, 애별리고(愛別離苦), 원증회고(怨憎會苦), 구불득고(救不得苦), 5취온고(五取蘊苦)의 4가지 고통을 모두 합하여 8가지 고통이라 합니다.

앞의 4고는 육체적인 고통, 뒤의 4고는 정신적인 불만족을 가리킵니다. 앞의 7가지 고는 8번째 고인 '5취온고'에 수렴됩니다. '5취온고'는 안팎의 물질과 정신인 5온을 '내 것', '나', '자아'라고 여기는 탐욕과 무지로 인한 고통, 불만족입니다. 삶은 안팎의 5취온이 상호작용하여 전개되므로, 12연기에서 5취온의 생멸을 멈추지 못하고 반복하며 고를 끝없이 잇게 하는 조건이 됩니다. 결국 고통에서 벗어날 수 없습니다.

이러한 8고는 현상적인 구별이며, 그 속성에 따라서 3고로 나누기도 합니다. 3고는 고고(苦苦), 괴고(壞苦), 행고(行苦)입니다. 고고는 육체적 정신적 복합체인 5취온에 수반되는 현실적인 고통, 불만족입니다(8고). 괴고는 형성된 모든 법은 기필코 무너지고 소멸된다는 이치에 따른 고통, 불만족입니다. 물론 괴로움 또한 소멸하고 뒤이어 즐거움이 찾아오기도 하지만, 그러한 즐거움 또한 조건에 따라 형성된 것이기에 필연코 무너지고 맙니다. 행고는 이렇듯 무상한 삶에 저항하기 위해 애쓰는 모든 노력, 의지, 의도들 또한 여러 조건들 가운데 하나에 지나지 않기 때문에, 늘 내 뜻대로 상황이 전개되지는 않는다는 데서 오는 고통을 가리킵니다.

무릇 자신의 삶을 돌이켜 보면, 애써 노력해도 의도한 만큼의 결과가 주어지는 경우는 흔치 않습니다. 행복은 짧고 가볍지만, 불행은 길고 무겁습니다. 행복은 갖은 노력을 기울여도 손에 쥐기 어렵지만, 불행은 나의 의지와 상관없이 다가와 삶을 잠식해 버립니다. 작은 행복 속에 감추어진 큰 불행과 선택의 불확실성은 우리 삶을 압도합니다. 그렇기에 지난날들은 대체로 만족스럽지 않고, 씁쓸한 회한의 흔적을 남깁니다.

또한 행복과 불행은 경전에서도 쌍둥이 자매라 비유하였듯, 동전의 양면과 같고 그림자와 같아서 불행을 결코 배제하고 멀리할 수 없습니다. 욕망의 크기가 더할수록, 불행의 크기도 더해집니다. 10의 크기인 욕망을 성취해서 누리지만, 다음에는 10의 크기인 욕망에는 결코 만족하지 못합니다. '한계 효용의 법칙'이기도 합니다.

집제(集諦)-내 영혼을 잠식한 무명과 갈애

"붓다께서는 선정을 통해서 과거 삶을 기억하는 숙명통, 뭇삶들의 미래 삶을 꿰뚫어보는 천안통, 번뇌를 소멸하는 누진통을 실현하였습니다.

나는 이와 같이 알고 이와 같이 보아서 감각적 쾌락에 대한 욕망의 번뇌에서 마음을 해탈하고, 존재의 번뇌에서 마음을 해탈하고, 무명의 번뇌에서 마음을 해탈했습니다. 내가 해탈했을 때 '해탈되었다'라는 궁극적인 앎이 생겨났습니다. '태어남은 부서지고, 청정한 삶은 이루어지고, 해야 할 일은 마쳤으며, 다시는 태어나지 않는다'라고 곧바로 알았습니다. 바라문이여, 이것이 병아리가 알껍질을 깨고 나오는 것과 같은 나의 세번째 깨고 나옴이었습니다."

　　　　　　　　　　 – 전재성 박사, 「베란자의 경」, 『앙굿따라니까야』

　이렇듯 고통스럽고 불만족스러운 삶의 근본적인 원인은 12연기에서 볼 수 있듯이 무명과 갈애입니다. 무명은 '진리인 연기법과 4성제, 3법인을 모르는 상태'라 정의합니다. 4성제에서 '고제와 집제'는 5온인 나와 세계가 상호작용하면서 펼쳐지는 삶의 구성 원리와 그 의미를, '멸제와 도제'는 궁극에는 고통으로 귀결되고야 마는 삶에서 벗어나야 한다는 당위적 가치 실현과 그 방법을 품고 있습니다. '고제와 집제'를 유전문(流轉門), '멸제와 도제'를 환멸문(還滅門)이라 부르기도 합니다.

　무명은 이성적 측면, 갈애는 감성적 측면이며, 탐진치 3독(毒)에서 무명이 무지와 어리석음인 치(痴), 갈애가 탐욕과 성냄인 탐진(貪瞋)이라 할 수 있습니다. 이는 곧 마음과 결부되어 있습니다. 무지와 탐욕으로 물든 마음이냐 지혜와 자비로 가득한 마음이냐에 따라, 삶의 풍경이 판이하게 달라집니다.

번뇌는 어떻게 정의되며 그 기능은 무엇일까요? 빨리어로는 아사와(asava), 한자로는 루(漏), 흘러나와서 삶을 오염시킨다는 뜻으로 이해하면 될 듯싶습니다. 탐진치(貪瞋痴) 3독을 대표적인 번뇌로 얘기할 수 있겠고, 경우에 따라서 5가지 장애, 7가지 저류(底流), 10가지 족쇄(5하분결, 5상분결) 등으로 구분 짓기도 합니다. 12연기에서는 무명의 조건인 번뇌를 욕루(慾漏), 유루(有漏), 무명루(無明漏)로 구분하고 있습니다. 욕루는 소유를 동력으로 하는 욕계 삶의 번뇌, 유루는 '나는 있다.'라는 착각을 동력으로 하는 색계 · 무색계의 번뇌, 무명루는 3계 5도인 중생계를 유지시키는 삶의 가장 근본적인 번뇌인 무지(無知)라 하겠습니다.

이러한 번뇌는 어떠한 조건에서 생성되는 것인지 궁금하지 않을 수 없습니다. 탐욕과 성냄은 감성적인 범주이고, 어리석음은 이지적인 범주임에는 분명합니다. 번뇌의 조건이 무명이기에 무명의 성품과 기능이 무엇인지 확인해 보아야 합니다. 무명은 경전에 따르면, 4성제를 모르는 것입니다. 4성제는 삶이 형성되고 전개되는 근본 이치인 연기법과 그 이치에 따라 생멸하는 모든 존재들의 보편적 성품인 무상, 고, 무아 즉 3법인을 또한 품고 있습니다. 4성제와 12연기, 3법인은 불교 교학의 전부라 해도 무리가 아닙니다. 한마디로 부처님 가르침에 무지한 것을 무명이라 하는 것이겠죠.

번뇌와 무명은 상호 의존적 관계입니다. 그들은 지혜를 무력하게 만들고, 마음을 오염시키는 근원입니다. 무명은 색수상행식 5취온 가운데 어디에 자리하고 있을까요? 바로 상(想)입니다. 인지 또는 지각이라 불리는 산냐(sanna), 想은 언어와 개념, 표상(이미지), 판단 등에 관련된 작용을 특징으로 합니다. 무명으로 인하여 인지가 왜곡되고 굴절되고 변형, 전도되는 수준에 따라서 삶의 질이 달라집니다. 제법의 보편적 성품인 '무상, 고, 무아'를 '항상, 락, 자아'로 이해하고 삶을 꾸려 나가는 까닭에 범부 중생의 삶이 윤회의 수렁에서 벗어날 수 없는 것이죠. 이 인지를 바로 세워야 삶의 풍경이 속살을 드러냅니다. 이러한 인지가 병들어서 번뇌가 생성됩니다.

인간의 감각기관, 즉 주관이 객관인 대상을 경험하고 苦(즐거움), 樂(괴로움), 舍(평온) 중 하나의 느낌을 그 결과로 갖습니다. 인지가 왜곡되어 있는 까닭에 고는 성냄으로, 락은 탐욕으로, 사는 평온 또는 이도저도 아닌 어중간한 느낌으로 전환합니다. 3독인 탐진치의 탄생입니다. 마음은 이러한 느낌과 인지를 조건으로 하기에, 탐욕에 물든 마음, 성냄에 물든 마음, 어리석음에 물든 마음이 형성되는 것입니다. 번뇌의 소멸은 이렇게 인지와 큰 관련이 있습니다. 번뇌를 멀리하고 조금씩 덜어 내는 정도에 따라 병든 인지가 제자리를 찾고, 지혜가 성장합니다.

멸제(滅諦)-마침내 성취했나니, 해탈과 열반

멸제는 환멸문으로 무명-생노사의 12연기에서 '무명이 소멸하면 행이 소멸하고… 생이 소멸하면 노사가 소멸한다.'로 전개됩니다.

진짜 불교 가짜 불교

그리고 그 결과는 '해탈, 열반'이라 불리는 궁극적 행복입니다. 조건이 성립하면 법이 일어나고 조건이 바뀌면 법이 사라집니다. 물론무지와 탐욕이 말끔히 지워지고 소멸되고 뿌리 뽑힌다 해서 금생의경험적 개체인 이 몸과 마음이 송두리째 사라지는 건 아닙니다. 붓다께서 위없이 바른 깨달음을 성취하셨지만 그 후로도 45년 동안법을 전하지 않으셨던가요. 깨닫고 해탈하였지만 이 몸이 생명을다할 때까지는 잔재가 남아 있는 유여열반, 전생의 과보로서의 이몸이 마침내 생명을 다하고 다시는 몸을 받지 않는 경우를 잔재가남아 있지 않는 무여열반이라 합니다.

붓다 이후 성문(聲聞) 제자들은 깨달음의 수준에 따라 예류자, 일래자, 불환자, 무학자인 4가지로 구분되며, 이들은 인식론적인 전환과 존재론적인 전환을 점차 거치면서 마침내 해탈과 열반의 경지를성취하게 됩니다. 이러한 성자들이 단계에 따라서 벗어나는 번뇌, 장애, 족쇄는 10가지인데, 낮은 단계인 5하분결과 높은 단계인 5상분결로 나뉩니다.

5하분결- 유신견(有身見), 계금취견(戒禁取見), 의심, 탐욕, 성냄
5상분결- 색계에의 탐욕, 무색계에의 탐욕, 자의식, 들뜸, 무명

가장 낮은 단계인 예류자는 욕계 세상에 최대 7번 윤회하는 성자로 5하분결 가운데 유신견·계금취견·의심이 없지만, 탐욕과 성냄이 완전히 뿌리 뽑히지 않은 상태입니다. 일래자는 욕계 세상에 1

번 윤회하며 거친 탐욕과 성냄은 없지만 미세한 수준의 탐욕과 성냄은 벗겨 내지 못한 존재입니다. 불환자는 다시는 욕계 세상에 윤회하지 않고 해탈을 기약하지만, 색계와 무색계의 수승한 존재에의 욕망과 자아의식, 미세한 들뜸, 무명이 마음을 얽어매고 있으며, 무학자인 아라한은 이 모든 족쇄에서 해방되어 붓다와 같은 수준인 존재로 탈바꿈합니다.

범부 중생인 우리로서는 불환자와 아라한의 경지를 감히 넘볼 순 없다손 치더라도, 금생에 예류자를 성취하여 욕계 탈출의 토대를 마련해야 할 것입니다. 예류자는 욕계 3악도(지옥, 아귀, 축생)에는 더 이상 윤회하지 않기 때문입니다. 욕계 천상과 인간 세상에 최대 7번 윤회하고서 아라한을 성취하게 됩니다.

예류자인 성자가 벗겨 내는 3가지 족쇄는 유신견, 계금취견, 의심입니다. 유신견은 육체와 정신을 이루는 5가지 요소들인 색수상행식(色受想行識)을 내 것, 나 자신이라고 여기는 견해입니다. 계금취견은 종교적 계율과 의식에 집착하는 견해입니다. 의심은 붓다 가르침을 전적으로 이해하지 못하고 삿된 견해로써 부정하는 태도를 가리킵니다.

5온과 5취온은 성자로 전환하는 첫 관문인 만큼 매우 중요한 법입니다. 5온은 물질적 요소인 색과 정신적 요소인 수상행식입니다. 5취온은 이러한 5온을 나, 자아 또는 내 것이라고 여기는 무지, 착

진짜 불교 가짜 불교

각과 집착이 덧입혀진 망상, 망념입니다. 실재가 아닌 허구적 관념이라는 것이죠. 5취온은 '항상 하고 즐거움이며 자아가 있다'는 인지의 전도, 착각과 오류로 인한 과보입니다. 5온은 '무상하고 괴로움이며 무아'라는 지혜가 자리한 인지로 인한 과보입니다.

중생인 나는 안의 5취온이며 대상인 세계는 밖의 5취온입니다. 깨달은 성자에게 5취온은 없으며 단지 5온일 따름입니다. 그런 까닭에 유전문은 5취온의 연기이며, 환멸문은 5온의 연기입니다. 유전문에서는 무명과 갈애로 인한 업의 작용이 멈추지 않는 까닭에 생로병사의 윤회가 끝없이 반복됩니다. 환멸문에 들어서야, 성자의 과위에 따른 시간차는 있지만, 내생에 몸을 받는 존재 상태 유(有)가 소멸되어, 마침내 윤회가 소멸합니다.

붓다께서는 자연 과학적인 관점에서의 세상을 이해하라는 말씀을 하지 않았습니다. 다만 한 길 몸속의 세간 끝까지 가지 못하면, 세간에서 벗어날 수 없다고 말씀하셨지요. 이는 곧, 바깥인 너, 세상이 아닌, 나인 안의 5온 그중에서도 수상(受想)인 마음에 초점을 맞추라는 얘기입니다. 대상과 나와의 관계 맺음과 펼쳐짐, 거두어짐이 바로 생멸하는 세간입니다. 연기는 바로 이 세간의 생멸을 가리킵니다. 무명으로 인하여 생로병사가 일어나고 무명이 벗겨진 지혜로 인하여 생로병사가 소멸합니다. 유전문과 환멸문입니다.

12연기에서 식과 명색에 이어 발생하는 6입처는 주관과 객관이며, 의식의 일어남으로 형성되는 18계는 중생계의 실상입니다. 3사화합, 촉이라고 번역된 6내입처, 6외입처, 6식의 만남이라는 사건은, 나와 대상과의 관계 맺음의 시발점입니다. 인식을 조건으로 나의 마음 상태가 재구성되고, 그로 인하여 대상에 대한 나의 업이 발동됩니다. 이것이 바로 세간입니다. 소유와 지배를 동력으로 하는 욕망의 업은 욕계, 소유의 욕망은 떨구었지만 존재하고자 하는 욕망의 업은 색계와 무색계의 풍경을 펼치게 합니다.

6내입처에는 상(想)이 6외입처에는 상(相)이 함께하는 까닭에 입처라 합니다. 12입처와 6식이 연기하여 인식작용이 이루어지는데 이미 여기에 마음(心)이 개입하고 있다는 얘기입니다. 일체유심조(一切唯心造)입니다. 붓다께서는 안팎의 사물들을 존재가 아닌 법이라 명명하셨습니다. 자기 동일성을 지닌 객관적인 실체로서의 존재가 아닌, 연기하는 존재-적절한 용어가 곤란한 지점인데 현존(現存) 정도가 의미상 가장 근접하지 않나 싶습니다-가 법입니다. 연기하기에 그 성품이 무상, 고, 무아입니다.

유전문(流轉門)에서의 3사화합, 촉을 무명촉이라고도 일컫습니다. 탐욕과 성냄, 무명에 지배된 마음에서 연기하는 까닭입니다. 그렇기에 우리는 대상인 법의 실상을 확인하지 못합니다. 마음에 들면 내 것으로 취하려 들고, 마음에 들지 않으면 내치려 합니다. 이렇게 불선업만 쌓여 나갑니다. 환멸문(還滅門)에서의 촉을 명촉이라고 일컫습니다. 있는 그대로의 모습을 알고 보기에, 제법실상여실지견(諸法實相如實知見)함으로써 집착하지 않아, 생멸이 마침내 소멸하여 다시는 몸과 마음을 받지 않습니다.

식(識)과 명색(名色)의 해석에 있어서, 이중표 교수는 명색을 유식학(唯識學)적인 입장에서 '이름과 형태'로 이해합니다. 정신적 요소와 물질적 요소로 이해하는 여타의 해석과는 전혀 다른 입장입니다. 두 입장 나름대로 설득력이 있으며, 연기에 대한 이해의 폭을 넓혀 준다는 의미에서는 긍정적입니다.

붓다께서는 5취온과 5온이 고(苦)라 하셨습니다. 무명과 갈애, 자의식과 집착이 고통의 원인(苦集聖諦)이라는 말씀입니다. 5취온의 생멸이 유전문이며, 환멸문에서 무명과 갈애가 완전히 벗겨진 5온의 생멸이 열반입니다. 범부 중생으로서는 5온의 생멸인 환멸문에 대해서는 접근할 수 없습니다. 유전문의 구성 원리에 대해서 이해하고 5취온의 생멸을 소멸시키고자 노력할 따름입니다.

12연기에서 가장 중요한 고리는 **촉→수→애→취→유**입니다. 지금, 여기에서의 5취온 즉 苦의 생멸과 쌓임이기 때문입니다. 촉은 '입력', 수는 상과 더불어 '마음의 재구성', 애·취는 '출력', 유는 '현존의 재구성 또는 다음 생의 존재 형성'입니다. 입출력의 순환이 현생에서의 윤회이며, 생명이 다한 후에는 다음 생으로의 윤회로 이어집니다. 이러한 연기 과정에서 가장 중요한 고리는 '마음의 재구성' 과정입니다. '상락아정'의 전도된 상태를 '무상, 고, 무아, 부정'의 올바른 상태로 바꾸면, 5취온의 전개가 끊어지고 무명촉의 연기가 소멸합니다.

도제(道諦)-붓다의 옛길

> "쑤밧다여, 가르침과 계율에 여덟 가지 고귀한 길이 없다
> 면, 거기에는 수행자가 없고, 거기에는 두 번째 수행자도
> 없고, 거기에는 세 번째 수행자도 없고, 거기에는 네 번째
> 수행자도 없습니다…. 쑤밧다여, 이 가르침과 계율에는 여
> 덟 가지 고귀한 길이 있습니다. 그러므로 첫 번째… 두 번
> 째… 세 번째… 네 번째 수행자가 있습니다."
>
> – 전재성 박사, 「대반열반경」, 『디까니까야』

경에서 첫 번째 수행자는 예류자이며 네 번째 수행자는 아라한입니
다. 『초전법륜경』에서도 고행과 쾌락행의 양극단을 여읜 중도인 8정
도가 없으면 성자가 출현할 수 없다고 붓다께서는 단언하셨습니다.

연기의 이치에 따라 전개되는 삶은 회의적이고 염세적이고 비관
적입니다. 허무의 느낌이 짙게 배어 있습니다. 그렇기에 머리에 불
붙은 것처럼 어서 빨리 덧없고 허망한 이 삶에서 벗어나라고 충고
합니다. 돈, 사랑, 권력, 건강, 사회적 지위, 명예…. 이러한 것들이
삶의 전부이며, 게다가 삶이 일회적이라면 두말할 것 없이 혼신의
힘을 다해야 하겠지요. 하지만 이러한 삶에 몰입하면 할수록 고통
과 불만족은 더욱더 우리를 억압할 따름입니다.

금생에 욕계 천상의 존재로서 지극한 복락을 누린다 한들, 인간으로서 부귀와 장수와 명예를 누린다 한들, 선업의 힘이 다하여 다음 생에 지옥, 축생, 아귀라는 악도의 존재로 태어나 얼마나 끔찍한 고통을 맛보게 될지 범부 중생의 어리석음으로는 가늠할 수 없습니다. 인간으로 태어남도, 바닷가의 무한한 모래알 중에서 손톱에 올려지는 모래 몇 알 정도로 비유하고, 눈먼 거북이가 천 년에 한 번 바다 위로 목을 내미는데 또한 떠다니는 판자에 난 구멍에 눈이 딱 들어맞아 하늘을 바라보는 경우가 천 번의 한 번이라고 비유한 것처럼 참으로 희귀한 일일 수밖에 없습니다. 다행스럽게도 붓다께서는 이러한 고통과 불만족에서 벗어날 수 있는 길을 보여 주셨습니다. 8정도가 바로 그것입니다.

정견-정사유-정어-정업-정명-정정진-정념-정정

정견(正見)- 바른 견해, 업·인과와 윤회를 부정하지 않음, 4성제
　　　　　를 깨달음
정사유(正思惟)- 탐욕과 성냄이 없는 생각
정어(正語)- 욕설, 잡담, 이간질, 헛소리
정업(正業)- 바른 행위
정명(正命)- 바른 생계 활동
정정진(正精進)- 바른 노력
정념(正念)- 바른 상기, 기억, 새김, 알아차림
정정(正定)- 바른 집중

이들 8가지 요소는 독립적이지 않고 유기적으로 얽혀 있습니다. 8차선으로 이루어진 도로라고 할까요. 그런 까닭에 正定을 '앞의 7가지 필수품을 갖춘 삼매'라 합니다. 유기적이고 중층적이고 복합적이므로, 이들 요소들은 서로 긍정적인 영향을 주고받으며 좀 더 수승한 경지로 나아갑니다. 그럼에도 붓다께서 정견을 앞에 두신 뜻을 우리는 헤아려야겠습니다. 견해가 바르지 않으면 행위가 올바를 수 없고, 바른 정진과 삼매로 나아갈 수 없으며, 다시금 좀 더 수승한 지혜와 견해, 궁극적인 진리의 깨달음에 도달할 수 없기 때문입니다.

붓다께서는 바른 견해로 길을 열고, 바른 수행으로써 궁극의 진리를 깨달으셨습니다. 그러나 성문제자들은 다행스럽게도 붓다의 가르침을 접하고서 진리를 확인합니다. 그런 다음, 고달프고 고통스럽고 기약 없는 수행의 과정을 압축시켜 그 진리가 보편적이고 객관적이며 불변하는 것임을 스스로 확신하는 것입니다.

> "밧차여, 사변적인 견해는 여래가 멀리하는 것입니다…
> 여래는 모든 환상, 모든 혼란, 모든 '나'를 만드는 것, 모든
> '나의 것'을 만드는 것, 자만의 잠재의식을 부수고, 사라지
> 게 하고, 소멸시키고, 버려버리고, 놓아버려서, 집착 없이
> 해탈한다고 나는 말합니다."
> ― 전재성 박사, 「불의 비유와 밧차곳따의 경」, 『맛지마니까야』

정견이 정립된 이후에 정사유가 전개될 수 있습니다. 바른 사유는 3가지로 정리됩니다. 출리(出離)의 사유, 성냄 없음의 사유, 해코지 없음의 사유. 출리는 탐욕에서 벗어남을 의미합니다.

> "'벗들이여, 탐욕은 작은 잘못이지만 극복하기 어렵고, 분노는 크나큰 잘못이지만 극복하기 쉽고, 어리석음은 크나큰 잘못일 뿐만 아니라 극복하기 어렵다.'
> 벗들이여, 그런데 어떠한 원인 어떠한 조건으로 아직 생겨나지 않은 탐욕이 생겨나고, 이미 생겨난 탐욕이 더욱 증대하는 것인가? 아름다운 인상이라고 말할 수 있다. 그 아름다운 인상에 대해서 이치에 맞지 않는 정신활동을 하면, 아직 생겨나지 않은 탐욕이 생겨나고, 이미 생겨난 탐욕이 더욱 증대하는 것이다… "
> – 전재성 박사, 「이교도의 경」, 『앙굿따라니까야』

'이치에 맞는 정신 활동'은 한역으로 여리작의(如理作意)이며 '이치에 맞지 않는 정신 활동'은 비여리작의(非如理作意)인데, 둘 모두 의미를 파악하기에는 불투명합니다. 이렇듯 번역자의 학문적 깊이와 수행력이 일정 수준에 도달해야 원전의 변형과 오류가 크게 일어나지 않습니다. '이치에 맞는 정신 활동'은 '연기적 사유', '이치에 맞지 않는 정신 활동'은 '실체적 사유'라고 옮기면 의미의 혼란이 없습니다. 정사유는 연기적 사유입니다. 연기하기 때문에 생멸하는 법들의 성품이 무상하고 불만족스럽고 실체가 없습니다. 그런 까닭에, 집착하지도 않고 성낼 일도 없습니다. 이치에 맞지 않는 정신 활동, 비여리작의는 실체적 사유로, 법들이 연기하지 않으며 항상하고 만족스럽고 실체가 있습니다. 정견에 바탕 한 여리작의와 정견에 바탕 하지 못한 비여리작의입니다.

정어, 정업, 정명은 출가와 재가를 막론하고 모두에게 적용되는 일상적 행동 양식임을 가리킵니다. 도덕규범입니다. 세속적 견해에서는 도덕의 완성이 궁극적 목적일 수 있지만, 불교에서는 출발선에 지나지 않습니다.

8정도에서 또한 매우 중요시되는 요소로 정념을 꼽습니다. 이는 붓다께서 열반하시기 전에도 제자들에게 간곡히 당부하실 정도였습니다. 삶을 마감하기 전에 건네는 마지막 가르침, 당부, 유훈은 그 누구든 일생을 통해서 쌓은 경험과 지혜가 집약된 결정판이라고 할 수 있습니다. 더욱이 정등각자인 붓다라면 두말할 나위가 없는 것이겠죠. 붓다의 가르침 가운데 『초전법륜경』과 더불어 『대반열반경』이 중요시되는 까닭입니다.

"수행승들이여, 한때 나는 완전한 깨달음을 얻은 직후, 우루벨라의 네란자라 강가에 있는 아자빨라 보리수 아래에 있었다.
수행승들이여, 그때 홀로 명상하는 동안에 내 마음에 이와 같은 생각이 떠올랐다.

'뭇삶을 청정케 하고, 슬픔과 비탄을 극복하고, 고통과 근심을 뛰어넘고, 바른 이치를 얻고, 열반을 실현시키는 하나의 길이 있으니, 그것은 곧 네 가지 새김의 토대이다.'"

– 전재성 박사, 「길의 경」, 『상윳따니까야』

"아난다여, 어떻게 수행승이 자신을 섬으로 삼고 자신을 피난처로 삼지 다른 것을 피난처로 삼지 말고, 가르침을 섬으로 삼고 가르침을 피난처로 삼지 다른 것을 피난처로 삼지 않는가?

아난다여, 세상에 수행승은 열심히 노력하고 올바른 앎을 갖추고 알아차림을 확립하여, 세상의 탐욕과 근심을 제거하며, 몸에 대하여 몸을… 느낌에 대하여 느낌을… 마음에 대하여 마음을… 법에 대하여 법을 관찰한다.

수행승들이여, 참으로 지금 그대들에게 당부한다. 모든 형성된것들은 부서지고야 마는 것이니, 방일하지 말고 정진하라."

– 전재성 박사, 「대반열반경」, 『디까니까야』

대승불교권에서와는 달리 근본불교에서는 실천수행법으로 4념처 수행을 중요시합니다. 이는 『입출식념경』, 『신념처경』, 『대념처경』에 상세히 설명되어 있습니다.

4

5온과 5취온

5온과 5취온은 매우 중요한 개념이자 실재입니다. 삶은 주관인 나와 객관인 세상으로 이루어집니다. 주관인 나를 구성하는 것도 5온(다섯 가지 무더기)이며, 객관인 세상을 구성하는 것도 5온입니다. 5온은 색수상행식(色受想行識)으로, 물질인 색, 정신적 요소 가운데 감수 작용을 하는 수, 인지 작용을 하는 상, 형성 작용을 하는 행, 의식 작용을 하는 식으로 구성됩니다.

5취온은 이러한 5온을 내 것, 나, 자아로 착각하고 집착하는 범부 중생의 태도를 가리킵니다. 5취온을 버리고 소멸시킨 성자의 첫 단계인 예류자가 되어야 비로소 5온이라는 수승한 정신과 육체의 인격체가 됩니다.

"그러나 마간디야여, 이들 뭇삶들이 감각적 쾌락의 탐욕을 버리지 못하고 감각적 쾌락의 갈애에 사로잡혀, 감각적 쾌락의 타는 듯한 고뇌에 불타, 모든 감각능력이 파괴되었습니다. 그래서 감각적 쾌락이 실제로 닿으면 괴로울 텐데

즐겁다고 느끼는 거꾸로 된 지각을 갖고 있습니다…

마간디야여, 이 신체는 질병이고 종기이고 화살이고 재난이고 고통인데, 그대는 이 신체를 두고 '존자 고따마여, 이것이 그 질병이 없음이고 그 열반이다'라고 말합니다. 마간디야여, 참으로 질병 없음을 알고, 열반을 보게 되는 그러한 고귀한 눈이 그대에게 있습니까?

마간디야여, 그대에게 눈이 생겨나면 다섯 가지 집착의 다발에 대한 탐욕이 버려질 것입니다. '참으로 오랜 세월 이 마음에 의해서 속고 기만당하고 미혹되었다. 나는 물질을 취해서 집착하고, 느낌을 취해서 집착하고, 지각을 취해서 집착하고, 형성을 취해서 집착하고, 의식을 취해서 집착했다. 그러한 나에게 집착을 조건으로 존재가, 존재를 조건으로 태어남이, 태어남을 조건으로 늙음, 죽음, 우울, 슬픔, 고통, 근심, 불안이 생겨나며, 이와 같이 이 모든 괴로움의 다발이 생겨난다'라는 생각이 떠오를 것입니다.”

- 전재성 박사, 「마간디아의 경」, 『맛지마니까야』

중생의 연기와 성자(4향4과)의 연기는 다릅니다. 12연기는 하나이면서 두 개인 중첩적인 바퀴가 구르고 있습니다. 5온과 5취온이 바로 그것입니다. 그 둘은 동시에 회전하지만, 5취온의 회전이 멈추고 나서야 5온의 회전이 멈춥니다. 범부중생에게는 여전히 5취온이며 5온이 드러나지 않은 채 둘 다 회전합니다. 예류자가 되어서야 비로소 5취온의 회전이 멈추고 5온만이 회전하며 윤회하다가 아라한을 성취하면 5온의 회전마저 멈추며 윤회가 종식됩니다.

아라한에게는 수명을 다하기 전까지 '무명(無明)' 대신 '명 (明)'이 갈음하고 '갈애와 취착'이 제거된 채 회전합니다. 즉 "명-행-식-명색-6입-촉-수-유-생-노사·수비우고뇌"로, 5취온이 소멸된 5온만의 회전입니다. 이것이 유여열반(有餘涅槃)입니다. 붓다께서 말씀하신 화살의 비유에서, 첫 번째 화살은 전생의 과보인 5온에 수반되는 고통이며, 두 번째 화살은 금생의 과보인 5취온에 수반되는 고통입니다. 첫 번째 화살은 피할 수 없지만, 두 번째 화살은 맞지 말라는 말씀의 뜻이 무엇인지 깊게 성찰해야 합니다.

부파불교와 대승불교에서는 마음(心)에 대해서 초기불교와는 다른 이해를 갖고 있습니다. 6근 가운데 하나인 '의(意, 생각기능의 감각기관인 뇌)'를 마음이라고도 하고, 5온 중의 하나인 의식을 마음이라고도 하며 수상행식 4온을 뭉뚱그려서 마음이라고 정의하기도 합니다. 心, 意, 識은 각자 다른 요소이자 역할입니다. 심의식의 동일화 혹은 실체화로 심각한 혼란과 오해를 불러일으키고 있죠.

마음은 受와 想을 조건으로 형성된 심리로 인식(식)과 행위(행)의 토대로 이해하면 됩니다. 복잡하지도 않고, 어렵지도 않습니다. 삶은 안의 5취온이 밖의 5취온을 대상으로 보고 듣고 생각하고(인식), 심리를 형성해서(마음의 재구성), 의도적인 생각과 언어, 몸짓으로 행위 하는(행위) 것이죠. 단순합니다. 마음을 토대로 조건으로 인식하고 행위 하는 것, 이게 바로 우리네 범부 중생의 삶입니다. 탐진치에 물든 마음이냐 아니냐가 중요한 것이지, 마음을 신비하고 추상적인 초월적 실체로 자리매김할 근거는 없습니다.『쌍윳따니까야』의「보릿단경」에서 보릿단이 일곱 가지 도리깨로 두들겨 맞듯이 여섯 감각기관이 욕망에 의해서 인식하고 행위 함을 잘 묘사하고 있습니다.

대승과 선, 어긋난 좌표

한국 불교가 안고 있는 근본적인 문제는 중국 불교의 영향에서 자유롭지 못하기 때문입니다. 수행법은 시대와 문화권의 차이에 따라서 다양한 모습을 띨 수 있다손 쳐도, 근본 교리의 왜곡이나 굴절, 변형은 의도적이든 의도적이지 않든 절대로 용납될 수 없습니다. 특히 대승불교와 선불교는 과연 불교의 모습을 의연히 갖추고 있는 것인지 의심스러울 정도입니다. 힌두교의 불이(不二) 사상, 노장자의 무위자연 사상과 너무도 닮아 있습니다.

근래 들어 한국 불교에 점차 자리를 넓혀 나가고 있는 상좌부불교도 조심스럽게 접근할 필요가 있습니다. 주석서 불교라는 비난을 들을 정도로 교리적 이해가 난삽하고 현란해서 오히려 붓다의 원음을 훼손하는 부작용이 적지 않다는 생각이 듭니다. 2,500여 년에 걸쳐 전승되다 보니 가르침의 원형이 훼손되고 굴절되고 왜곡, 변형됨은 어찌 보면 불가피한 측면이 있다 하겠습니다. 다만, 붓다의 가르침을 소중히 받들고 삶에 접목시키고자 하는 불자로서 옥석을 가리듯 비판적 자세를 잃어서는 안 되겠습니다.

대승불교와 선불교에 대한 비판은 적지 않게 이어져 왔습니다. '대승비불설(大乘非佛說)'이 좋은 예입니다. 수행자와 학자, 재가자들의 비판적 목소리는 드높지만 집단적 울림으로 성장하지는 못한 상태여서, 한국 불교에서 가장 큰 위상을 차지하고 있는 조계종의 변화를 기대하기는 어려운 실정입니다. 그런 가운데, 시현 스님이 『대승은 끝났다』(불광출판사)라는 저서로 대승불교의 사상과 수행

풍토에 경종을 울렸습니다. 대승의 역사적 기원과 출현 배경, 붓다의 가르침과 매우 이질적인 사상, 계율, 수행법들을 낱낱이 파헤치며 파사현정(破邪顯正)의 기치를 드높였습니다.

대승 사상의 문제점은 다양하지만, 굵직하게 몇 개만 추려 봅니다.

1. 법신불 및 다양한 불보살의 등장
2. 붓다의 연기설을 정면에서 부정하는 실체론, 여래장, 일심, 불성, 공성의 출현
3. 수행의 궁극적 목적이 열반이 아닌 깨달음으로 왜곡
4. 윤회의 부정
5. 마음의 분석
6. 심의식(心意識)의 동일시
7. 불상신앙과 천도재, 중유 개념의 등장
8. 현상계의 긍정

물론 대승뿐만 아니라 부파불교의 문제점도 적지 않습니다. 이는 시현 스님의 역작인 『대승은 끝났다』에서 확인할 수 있습니다. 하지만 선종에 대해서는 조금 말을 아끼는 모습입니다. 선승인 까닭에 그 뿌리를 욕되게 하기란 쉽지 않겠지요. 그렇기에 재가자인 저로서는 선불교의 모순과 폐해에 대해서 거리낌 없이 비판의 칼을 들이대 보고자 합니다.

선불교는 불립문자(不立文字)를 표방하고 있지만, 대승 사상의 상속자임을 부인하지 못합니다. 선종이라고 해서 교학을 아예 무시하지도 않습니다. 선종인 조계종단에서도 4년제 대학 과정을 운영 중에 있고,『금강경』,『화엄경』,『열반경』,『법화경』,『아미타경』등 대승 경전들을 재가신자들에게 권장하고 있는 실정입니다. 게다가 『전등록』『벽암록』『무문관』등 선어록뿐 아니라 각 조사들의 어록까지 적잖이 전해지고 있습니다. 또한 힌두이즘이 짙은 밀교의 수행법인 능엄다라니나 천수다라니 등이 뿌리내린 지 오래된 실정입니다.

조사선, 간화선의 한계

중국 선이 태동한 역사적 배경을 고려해 볼 때, 도교와 유교의 뿌리가 깊고 그 세력이 여전한 중국의 현실에서, 외래 종교인 불교가 명맥을 유지하기는 쉽지 않았을 것입니다. 불교의 가르침이 무엇보다도 왜곡된 인지의 전면적인 전환을 요구하는 까닭에 일반 대중에게 다가가기는 어렵습니다. 문맹이 거의 사라지고 정보 공유가 활발한 요즘에도 그러할진대, 문자와 사유에 익숙한 이들이 드문 1,500여 년 전은 더 말할 나위가 없었을 것입니다. 선불교의 조사 가운데 나환자도 있고 일자무식도 있는 것으로 보건대, 선불교의 기본 태도에는 민중 지향적인 요소가 아주 강하다는 사실을 무시할 수 없습니다.

임제의 할(喝), 덕산의 방(棒)처럼 방망이나 주장자로 두들겨 패거나 소리를 꽥 지르거나 하는 맥락이 제거된 행위나, 뜬금없어 보이는 공안(公案)들이 선사들이 주로 드러내는 수행 방편입니다. 이러한 화두와 행위들의 견처(見處), 낙처(落處)는 두말할 것도 없이 깨달음의 요체인 연기, 3법인입니다. 또한 법들이 드러나는 작용에 초점이 맞춰져 있습니다.

 선사들의 이러한 방편에 맞서 법을 청한 수행자들 또한 제각기 나름의 수준에서 기틀을 드러냅니다. 나의 경우라면 이런 식일 겁니다. '일면불월면불(日面佛月面佛)'에는 '허공에 그림자가 스쳐 갑니다.'로, 바닥에 원을 그리고 '들어가도 맞고 안 들어가도 맞는다(入也打不入也打)'에는 손뼉을 짝 치고서 '다만 속지 않을 따름입니다.'로, '병 속의 새'에는 '의심치 않습니다.'로 맞받아칠 것입니다. '부모미생전본래면목(父母未生前本來面目)'에는 손뼉을 짝 치고서 큰절을 올릴 것입니다.

 그러나 세월이 흐르면서 선의 내용과 형식이 왜곡과 변질이라는 과정을 거치면서 착각 도인들이 양산되는 바람직하지 못한 결과를 낳고 있습니다. 붓다의 근본 가르침과 어긋나는 그릇된 이치에 현혹되어 착각의 질곡에서 벗어나지 못합니다. '둘이 아님(不二)'이 그러하며, '본래 부처(本覺)'가 그러합니다. '이대로 완전하다'는 각성 또한 마찬가지입니다. 언어 문자의 한계를 극복하고, 무지한 중생들을 제도하겠다는 민중 지향적 태도는 형이상학적이고 신비적인 태도로 점차 바뀌어 버립니다.

 붓다께서는 깨달음의 요체를 정확하고 소상하게 밝히셨습니다. '스승의 주먹'이 좋은 비유입니다. 꽉 쥔 주먹 안에 전하지 않은 비밀스런 무엇이 있는 것이 아니라는. 하지만, 북방 밀교나 선교는 '스승의 주먹' 안에 비밀스런 교의가 있을 것이라는 암시와 이를 깨친 제자에게만 법을 전하는 사자전승의 전통을 새로이 만들었습니다. 진리를 드러낼 수 없다면 붓다의 팔만사천 법문이 무슨 의미가 있다는 얘기인지요.

불립문자(不立文字), 교외별전(敎外別傳), 직지인심(直指人心), 견성성불(見性成佛)

선의 종지는 그러할진대, 그 가르침에는 노자, 장자의 그늘이 아주 짙게 배어 있음을 부정할 수 없습니다. 노자의 '무위자연' 장자의 '제물론(齊物論), 물아일체(物我一體), 소요유(逍遙遊), 좌망(坐忘), 심재(心齋), 진인(眞人)' 등의 언설은 선에서 주창하는 무차별, 불이, 대자유인, 하심(下心), 평상심 등의 가르침과 다르지 않아 보이기도 합니다. 6조 혜능의 '본래무일물(本來無一物)'이나 임제의 '무위진인(無位眞人)', 조주선사의 '무(無)'자 화두에서 유추할 수 있듯이, 선이 지향하는 깨달음의 자리가 형이상학적이고 초월적인 실체로서의 '無'가 아닌지 의심스럽기도 합니다. 어찌 보면 노장자의 철학 사상에 불교가 흡수된 듯한 느낌마저 듭니다.

정보통신 과학혁명의 혜택으로 인해 이제는 집에서도 중국과 한국의 고승들, 선승들의 법문을 대할 수 있게 됐습니다. 아쉽게도 붓다의 근본 가르침은 찾기 어렵고,『열반경』,『법화경』,『금강경』등의 대승 경전과 중관학과 유식학 관련 저서들, 외도인 영적 수행자들의 행적, 기복과 신통력 등이 가득합니다. 초기 경전인 『니까야』나 『아함경』을 설하는 수행자들은 참으로 드뭅니다.

붓다께서 자신의 깨달음을 고스란히 드러내신 까닭은, 자신이 걸어오신 길이 숱한 시행착오와 고통으로 점철되었기 때문입니다. 그러기에 제자들이 헛된 품을 팔지 않고 곧바로 깨달음의 길에 접어들게끔 자비를 베푸셨습니다. 뭇 중생들이 자신처럼 기약 없고 고달픈 깨달음의 여정을 밟기를 원치 않으셨던 것이죠. 그런 까닭에 우리는 어떤 정보도 주어지지 않은 채 무작정 길을 떠나는 수행자와는 달리 목적지에 이르는 길과 방법, 목적지에 도달했을 때의 보상인 깨달음이 무엇인지 모든 정보가 담긴 수행 지도를 손에 쥐고서 길을 떠나는 행복한 수행자인 것입니다. 문제는 붓다께서 전하신 수행 지도와는 전혀 딴판인 왜곡된 정보의 수행 지도가 난무한다는 현실입니다.

'깨달음'은 인식론적 전환으로 예류도에 속합니다. 그리고 그 깨달음의 심화와 체화, 번뇌의 점차적 소멸이 존재론적 전환으로 예류자, 일래자, 불환자, 무학자의 길입니다. 무학자, 아라한이 되었을 때 비로소 범부에서 성자로 완벽한 인격적 탈바꿈이 이루어지는 것입니다. 선불교에서 얘기하는 궁극적 지향인 깨달음은 성자의 첫번째 관문인 예류도에 속한다 해도 무리가 아닙니다. 물론 선가에서 깨달음 이후에 꾸려야 할 살림살이(補任)로 '청정(淸淨)과 수연(隨緣)'을 꼽고서 깨달음 이후의 경계를 소홀히 하지 않았습니다.

깨달음은 '여실지견(如實知見)'에 비견할 만합니다. 그리고 그 후 과정은 사마타와 위빠사나 수행으로써 깨달음을 심화시키고 체화해서 마침내 번뇌를 소멸하여 해탈하는 것입니다. 그러나 깨달음을 궁극적 경지로 여기거나 그 경지에 집착하여 머문 경우, 자칫 범부보다 못한 수준으로 떨어져 세간의 비난을 받기도 합니다.

선종에서도 특히 조사선은 최상승선이라 자칭하며, 한 생각 일어나기 전의 한마음, 마음자리를 깨닫는 것을 한 소식했다고 합니다. 일심(一心), 한마음, 공적영지(空寂靈知), 후대로 가면서 불성, 자성, 중생심, 평정심, 주인공, 그것 등으로 규정하게 됩니다. 초기불교에서의 마음의 규정과는 사뭇 다르게 매우 추상적이고 신비적인 대상화입니다. 또한 이러한 경지를 실체화하면서, 붓다께서 무척 경계한 상견(常見), 영원주의에 기울어질 우려 또한 커지게 됩니다.

2

간화선의 본질적 가르침

선불교가 도교, 유교와 서로 영향을 주고받으면서 성립된 과정을 나름 긍정적인 입장에서 조명하고자 합니다. 초기불교가 그렇듯 선불교 또한 시간이 흐르면서 어쩌면 원래의 모습이 상당히 훼손되었을지도 모릅니다. 현란하고 난삽한 교학불교에 맞서서 '민중 불교 혁명'을 주창한 선불교의 본래적 입장에서 가르침이 왜곡된 부분을 비판하고자 합니다. 선불교에서 주창하는 깨달음의 내용이 3법인이냐, 또는 무(無), 공(空), 한마음, 법신, 여래장, 그것, 평상심 등이냐에 따라 그 지위는 사뭇 달라져 버립니다. 또한 대승불교의 공과 중도(中道)는 어떤 맥락에서 쓰이는 것인지 매우 조심스럽게 접근해야 합니다.

깨달음과 수행

깨달음이란 무엇인가? 선종을 기치로 내건 한국 조계종에서는 깨달음을 궁극적 목표로 삼습니다. 그리고 그 목표에 이르기 위한 유력한 길로 간화선을 제시합니다. 그리고 그 밖의 다른 수행법들은 의리선, 여래선 등의 수준이 낮은 수행의 차원으로 폄하해 버립니다. 과연 그럴까요? 간화선 또한 역사적 맥락에서 시절 인연으로 주어진 수행법이 아닌가. 그렇지 않다면 왜 석가모니 부처님과 역대 선지식들은 간화선을 방편으로 건네지 않았을까? 간화선만이 최상승선이라면 처음부터 그 길을 제시하지, 왜 오랜 세월을 기다리게 했단 말인가? 모든 의문은 지극히 단순합니다. 그리고 그 답 또한 단순합니다. 간화선만이 깨달음에 이르는 지름길임을 주장하는 입장은 '내가 하면 로맨스요 네가 하면 스캔들'이라는 세간의 작태와 다를 바가 없습니다.

한국 선불교의 입장을 간략하게 나누자면, 지눌과 성철입니다. 말하자면 돈오점수냐, 돈오돈수냐의 차이입니다. 불교계 내부의 문제를 밖에서 바라보면 실소를 머금지 못합니다. 돈오다 점수다, 해오다, 증오다 등의 다툼은 세간의 이익 집단들의 헤게모니 다툼과 다르지 않습니다. 이런 다툼과 분별이 벌어지게 된 까닭은 '선'에 대한 그릇된 이해입니다. 이는 곧 선의 궁극적 목표가 무엇인가에 대한 이해로 펼쳐집니다. 선의 궁극적 목표가 깨달음인가? 아닙니다. 선의 궁극적 목표는 모든 번뇌(무명과 갈애)가 사라진 '해탈'입니다. 깨달음은 해탈에 이르는 필요조건일 따름입니다. 깨달음을 궁극적 목표로 두는 태도는, 깨달음 지상주의, 깨달음 신비주의, 깨달음 만능주의입니다. 그리하여 깨달으면 수행할 무엇이 없다는 '오만과 편견'에 자칫 사로잡힙니다.

6조 혜능의 '오후수행불행(悟後修行佛行)'은, 성철 스님의 '깨달으면 더 이상 수행할 여지가 없으며, 곧 돈오돈수'가 아닙니다. 부처님행은 열반으로 향하는 수행을 말합니다. 깨닫고 나서는 더 이상 아무런 수행이 필요 없다는 뜻이 결코 아니라, 오히려 오후수행을 독려하는 말씀입니다. 부처는 깨달은 자인데 왜 다시 미혹하는가? 이는 곧 깨달음이 궁극의 지향은 아니라는 뜻이며, 해탈 열반을 향한 지속적인 수행을 강조하는 말씀입니다. 부처님처럼 첫 깨달음의 과위인 수다원에서 궁극적 깨달음인 아라한의 과위까지 금생에 단박에 성취할 수도 있지만, 대개의 유학들은 근본불교의 성문 4과(수다원, 사다함, 아나함, 아라한)의 과위를 최대 7번에 걸치는 윤회를 겪으면서 점차로 달성할 수밖에 없습니다.

깨달음을 한국 불교의 대표 상품으로 내걸면, 부처님의 가르침과는 어긋나 버립니다. 8정도는 해탈에 이르게 하는 수행법인데, 정견(正見)이 가장 앞에 자리합니다. '올바른 견해'가 없으면 정사유와 정어, 정업, 정명, 그리고 더 나아가 정정진, 정념, 정정 등의 수행의 차원이 불가능합니다. 여기서 '올바른 견해'란 연기법과 4성제, 3법인인 '제행무상, 제행개고, 제법무아'의 이치를 깨닫는 것이며, 이것이 '깨달음'입니다. 8정도는 계정혜의 3학으로, 계로써 몸을 닦고, 정으로써 마음을 닦고, 혜로써 궁극적 경지를 닦는 수행의 방편입니다. 올바른 지혜로써 궁극적 진리인 연기법을 깨닫고, 집중선정의 수행으로써 무시 이래로 쌓인 습기를 지우는데, 계는 지혜와 선정이 흐트러지지 않도록 잘 감싸 보호하는 그릇과도 같은 것

입니다. 그릇이 깨지지 않아야(계), 담긴 물이 고요해지고(정), 그래
야 사물이 고스란히 비치는(혜) 것입니다. 그리하여 혜(정견, 정사
유)→계(정어, 정업, 정명)→정(정정진, 정념, 정정)→혜(해탈지견)
입니다.

   깨달음을 수행의 궁극적 차원에 두는 것은 '달을 가리키는 손가
락'에서 달을 깨달음(禪)으로, 손가락을 일체의 알음알이(敎)로 그
릇 이해하는 폐단을 낳습니다. 여기서 달은 해탈을, 손가락은 깨달
음을 의미하는 것으로 이해함이 옳습니다. 손가락이 없다면 달을
확인할 수 없듯이 수행은 깨달음에 의지해야 하나, 깨달았어도 거
기에 머물러서 안 됩니다. 깨달음에의 집착에서 벗어나 해탈로 나
아가야 하는 것입니다. 말하자면, 깨달음(인식론적 전환)의 체화 과
정을 거쳐야 궁극적 깨달음인 해탈(존재론적 전환)로 이어지는 것
입니다. '언어도단(言語道斷), 불립문자(不立文字)'는 문자와 가르
침을 애초에 무시하고 버리라는 얘기가 결코 아닙니다. 이는 언어
와 문자의 태생적 한계, 즉 실체적 견해를 꿰뚫고 극복하라는 가르
침인 바, '고기를 잡으면 통발을 잊는다(得魚忘筌).', '뜻을 얻으면 말
을 잊는다(得意忘言).'는 도가의 가르침과 다르지 않으며, 이는 곧
근본불교의 '견도→수도→무학도'의 이치와 같습니다.

   황벽 선사의 가르침대로 '모든 법에 머무르지 말고, 머무르지 않
음에도 머무르지 말고, 또한 머무르지 않는다는 생각에서 머무르지
않아야' 하는 것입니다. '알음알이'를 부정하는 이유는 우리의 언어

와 문자, 사고의 고정분별의 속성에 발목이 잡히지 말라는 당부입니다. 원효 스님의 말씀대로 '언어에 의지해서 언어를 떠난다(依言離言).' 또한 『금강삼매경』의 가르침에 따르면, 속제를 버려 진제를 나타낸 평등한 상이 공상인 바. 이에 머무르지 않고 마치 진금을 녹여 장엄구를 만드는 것처럼 진제를 융합하여 속제를 삼으며(空相亦空), 또 장엄구를 녹여 다시 진금을 만드는 것처럼 이러한 차별상인 공공에도 머무르지 않으며(空空亦空), 이 두 가지 공에도 머무르지 않습니다(所空亦空).

  언어는 곧 사유입니다. 언어 없이 사유란 불가능합니다. 언어를 통해서 우리는 모든 사유와 사유가 지향하는 궁극적 진리에로 다가갑니다. 그리고 언어로 드러낼 수 없는 궁극적 진리를 깨닫고 나서, 언어를 통해서 그 진리를 세상에 퍼뜨리는 것입니다. 쉽게 생각하면, '언어로 표현할 수 없다.'고 표현하는 것이 진리가 아니라고 할 수 있을까요? 언어가 없다면, 우리는 진리에 다가갈 수 있는 어떠한 시도조차 할 수 없을 것입니다. 그렇지 않다면, 알음알이를 부정하는 선가에 설법과 선문답, 오도송 등이 산더미처럼 쌓여 있는 까닭은 무엇이겠습니까. '이심전심, 언어도단, 심행처멸'을 기치로 내건 선사들이 깨닫고 나면 헛기침이나 할 일이지, '빈주먹 위에 실다운 견해'를 내듯 무슨 당치도 않은 오도송이란 말인가요. 석가모니 부처님께서 행한 8만 4천 법문은 선사들의 말마따나 '다 말라비틀어진 뼈다귀', '고름 닦는 휴지'란 말인가요?

진짜 불교 가짜 불교

단순히 '알음알이'의 병폐가 심각함을 강조한 것이라면 그 순수성을 의심치 않으나, 최근의 행태를 보면 다른 의도가 있지 않나 싶습니다. 출세간의 위치를 세간에 비해 우월하게 두고자 하는 고약한 속내입니다. 이는 곧 조바심에 다름 아닙니다. 오늘날 종교가 처한 위치는 매우 불안정하고 위태롭습니다. 하늘에 자리한 절대의 차원과 땅에 자리한 상대의 차원의 거리를 부정하는 인문, 자연과학적 지식으로 무장한 비판적 대중 때문입니다. 세간의 지식을 부정하는 완고한 태도에는 출세간의 흔들리는 위상과도 관계가 있는 것입니다.

소승, 대승을 가르고 비하하는 태도도 그렇습니다. 이는 밖에서 바라보면 정말 유치하고 한심한 작태입니다. 모두 역사적인 산물입니다. 그렇기에 모두 일면 당위성과 적합성을 갖고 있지만, 그만한 무게로 한계를 지닙니다. 역사는 고여 있지 않고 늘 흐르며 불법의 가르침 또한 머물지 않는 것이기에. 그러므로 늘 상속과 단절의 이중적인 태도가 자리합니다. 상속과 단절은 연기의 이치에 다름 아닙니다. 완전한 단절도, 완전한 상속도 있을 수 없습니다. 상속은 단절을, 단절은 상속을 자기 안에 흔적으로 두고 있습니다. 변화하는 현실 속에서 부처님의 가르침을 올바르게 재해석하는 태도가 곧 상속(내용)과 단절(형식)의 이중적 양상입니다.

중도, 연기법

깨달음에 집착하는 한국 불교의 폐단은 무척 심각합니다. 깨달음이 지상 최대의 목표인 바, 깨달으면 어떤 수행도 필요치 않고, 깨달음의 분상에서는 어떤 경계에도 걸리지 않으므로 막행막식을 해도 무방합니다. 그러면 '도대체 깨달음이란 무엇이길래?' 하는 의문이 들지 않을 수 없습니다. '물이 차가운지 따스한지는 먹어 봐야 안다.'며 체험을 중요시하는 태도는 전적으로 옳습니다. 하지만, 그렇다면 선지식이 굳이 필요할 이유도 없습니다. 깨닫지 못한 차원에서 누가 선지식인지 가름할 방법도 없습니다. 결국 경전을 근거로 해서 깨달음의 내용을 이해해야 하는 것입니다.

결론적으로 말하자면, 부처님의 8만 4천 법문은 모두 '연기법, 4성제, 3법인'의 이치를 깨닫게 하기 위한 것입니다. 부처님이 연기법을 정등각했다고 확인한 『초전법륜경』이 불교의 테제입니다. 실천수행방법론인 중도는 후대에 두 가지로 나뉩니다. 실천중도인 8정도와 사상중도인 4성제, 3법인, 연기법입니다. 사상중도는 공, 마음, 진여, 진아, 자성, 한물건, 정법안장, 본래면목, 본지풍광 등으로 표현되기도 합니다. 진리인 연기법에 대한 이해는 쉽지 않습니다. 연기법 자체가 어렵다는 것이 아니라, 연기법을 설명하는 차원이 더욱 난삽하다는 얘기입니다. 자칫하면 힌두교에서 얘기하는 '범아일여(梵我一如)'의 사상으로 전락하기 쉽습니다.

부처님 가르침의 골수 중 하나는 3법인입니다. 이는 곧 무아, 무상이며, 이것이 곧 사상중도입니다. 여기서 유의해야 할 점이 실체론적인 태도로 사상중도를 받아들여서는 안 된다는 점입니다. '무

진짜 불교 가짜 불교

아'라는 형이상학적인 초월적인 실체론적 존재가 내 안이든 밖이든 존재한다는 태도는 부처님의 가르침과는 너무도 어긋나 버립니다. 연기법의 설명을 예로 들어 보자면, '이것이 있기에 저것이 있고, 이것이 없기에 저것이 없다. 이것이 생하기에 저것이 생하고, 이것이 멸하기에 저것이 멸한다.' 여기서 우리는 이것과 저것의 상호 의존성으로 연기를 이해합니다. 물론 틀리지 않습니다. 그러나 한 걸음 더 나아가 숙고해야 합니다. 있음 자체도 없음 자체도 없으며, 생 자체도 없고 멸 자체도 없습니다. 있음도 연기하고 없음도 연기하며, 생도 연기하고 멸도 연기합니다. 무아(無我)이며 무상(無常)합니다. 연기는 바로 생하고 멸하는 '작용'인 것입니다. 연기 곧 작용함으로써 상호 의존적인 존재는 그 성품을 드러냅니다.

한 남녀가 있습니다. 우리는 이 둘의 존재에 눈길을 주고 그들이 엮어 내는 온갖 관계를 부수적으로 설정합니다. 만나고, 사랑하고, 이별하고…. 말하자면 술어는 주어, 동사는 명사에 종속되어 있습니다. 하지만 이를 뒤집어서 보면 만남으로 두 남녀가 드러나고, 사랑하는 작용으로 인해 두 남녀가 사랑하는 두 남녀의 현상으로 존재합니다. 그러다 언제 그랬냐는 듯, 사소한 시비로 다투고 이별하면서 죽고 못 사는 사랑하는 관계로서의 두 남녀는 말끔하게 증발해 버립니다. 말하자면, 인간이란 그가 '하는 바 그것'이며, 도둑질을 할 때만이 그는 도둑놈인 것입니다. 이렇듯 용(用)의 펼쳐짐에 체(體)와 상(相)이 더불어 모습을 드러내는 것입니다. 하지만 작용은 일어나자마자 곧 사라지며 또 다른 작용으로 이어집니다. 그러기에 그 무엇에도 집착할 이유가 없고, 무아이며 무상입니다.

중도란 작용 곧 관계 맺음이요, 머무르지 않음이며, 상호의존성의 사건이 무한히 펼쳐짐이며, 이들 찰나의 존재들이 서로의 흔적을 끝없이 각인하는 행위입니다. 그렇다면 우리가 눈앞에 확인하는 세계는 덧칠된 풍경화에 분명합니다. 우리의 감각과 인식이 착각하고 왜곡시키는 까닭에, 우리는 그 모습을 고스란히 재현하지 못합니다. 이를 '전도망상'이라 하지 않는가요. 임제 선사의 '지금 눈앞에서 작용으로 드러난다(即今目前現用).'는 말씀이 바로 '무상과 무아'인 중도와 연기, 공의 이치를 가리키는 것입니다. 이것이 '모든 법의 실상을 있는 그대로 알고 봄(諸法實相如實知見)' 아니겠습니까.

동양이든 서양이든 모든 존재에 대한 담론, 철학은 주체와 객체, 곧 실체에 대한 입장에서 벗어나지 않았습니다. 그러다 최근에 이르러 후기 구조주의 또는 해체주의라는 이름으로 명명되는 철학적 사조가 '관계 맺음', '사건'이라는, 주어가 아닌 술어에 관심을 갖게 되었으며, 이는 곧 불교에의 관심이 증폭한 것과 맞물립니다.

마음

선가에서 금과옥조로 여기는 법문, '마음을 알아 본성을 보고 스스로 불도를 이룬다(識心見性自成佛道).', '이 마음이 곧 부처(即心是佛)' 헌데 마음이란 무엇인가요? 마음은 인식과 행위의 토대인 판단 작용으로 심리입니다. 욕망은 현상계에서 연기로 인하여 선악, 시비, 호오 등의 두 갈래로 나뉩니다. 연기적 관계란 늘 꿈틀거리며 머무르지 않는 까닭에, 사랑하는 사람이 원수로 돌변하고, 옳고 그름이 뒤바뀌며, 착함과 악함이 한결 같지 않기도 합니다.

화엄의 '일체유심조(一切唯心造)'에 담긴 두 가지 의미는 바로 중생의 차원과 부처의 차원입니다. 『대승기신론』의 마음은 곧 중도인 바, 진여문은 언어를 떠난 승의제의 차원이며, 생멸문은 언어에 의지한 세속제의 차원으로 둘 모두 진리의 세계입니다. 한마음(一心)은 두 가지 형태로 전개되는데, 생멸문에서 중생심으로 작용하고 진여문에서 불심으로 작용하기도 합니다. 작용의 이중성입니다. 생멸문에서 번뇌 분별하는 마음이 곧 세상 만물에 헛된 이름과 색상을 입히지만, 중도의 이치로 관하면 그저 상호 의존하는 관계가 펼쳐질 따름입니다. 실체론적으로 이해하면 독립적인 존재들이 제각기 대립하며 따로 존재하는 것으로 이해되지만, 연기론적으로 이해하면 그들은 관계의 그물에서 벗어나지 못하는 상호 의존적 존재일 따름입니다.

관계는 사물과 사건에 의미라는 옷을 입힙니다. 이들을 고정불변한 실체의 입장에서 본다면, 이러한 자기중심적이고 고립적이며 차별화된 속성들 또한 결코 변하지 않습니다. 『금강경』의 '모든 상(想)과 그릇된 상(非想)을 분별하여 본다면 곧 여래를 보는 것이다(若見諸想非想卽見如來).' 게송의 비상(非想)이 바로, 이러한 외적 내적으로 불변하는 상입니다. 즉 실체적 개념이 연기적 개념으로 인식론적 전환이 이루어진다면, 진리가 드러난다는 말씀입니다. 그렇다면 무의미는 '의미의 부재'가 아닌 고착된 의미의 전복 혹은 탈주로, 일면적이며 일방향으로의 전개인 의미가 아닌 다중적이며 모든 방향으로의 전개인 의미를 함축합니다. 사물과 사건은 어떤 맥락이냐에 따라 수없는 의미의 변곡점을 거치며 변신합니다. 결국 무의미는 중도이며, 연기, 공을 가리킵니다.

의미는 망념으로 얼룩진 실체적 존재의 세계이며, 무의미는 분별하되 모든 존재가 각을 세우고 대립하는 모순의 정체적인 장이 아닌 상호의존의 관계로 녹아 있는 '관계 맺음', '만남'의 활발발한, 잠시도 머무르지 않고 펼쳐지는 살아 꿈틀거리는 연기적 관계 맺음의 장입니다. 유식학의 논리로 말하자면, '변계소집성'의 현실은 모든 존재가 실체를 갖고서 모순, 대립하며 서로를 용납하지 못하는 침전된 장이며, '의타기성'의 현실은 존재가 무화되고 관계만이 찰나찰나 펼쳐지는 생동의 장입니다. 이를『대승기신론』에 빗대면, 생멸문의 변계소집성의 현실에서 진여문의 원성실성인 출세간의 진리(승의제)로 들어섰다가, 다시금 생멸문의 의타기성인 세간의 진리(세속제)의 차원으로 되돌아오는 것입니다. 반복하지만, 『금강삼매경』의 '삼공(三空)'이 이러한 의미이며, 이것이 바로 지혜와 자비, 상구보리 하화중생, 자리리타(自利利他)인 중도의 가르침입니다.

화두

한국에서는 선, 하면 대체로 '간화선'을 연상합니다. 그만큼 그 영향력이 크지만, 간화선은 일체의 알음알이(교학)를 버린 최상의 교육법(선학)이며, 깨달음을 수행의 궁극적 목적으로 삼는 폐단을 낳기도 합니다. 간화선의 유래와 성격에 대해서는 체계적이고 깊이 있는 연구물들이 많이 나와 있으므로, 굳이 이 자리에서 부연할 이유가 없습니다. 다만 나는, '깨달음'에 집착하고 몰두해 있는 한국 간화선의 병폐에 대해서 지적하고자 하는 것입니다. 그리고 또한, 깨달음의 '내용'이 아니라 '성격'에 대해서 유독 편향되어 있는 태도 또한 만족스럽지 않습니다.

선사들은 깨달음이 무엇이냐는 질문에 친절하게 답하지 않습니다. 오히려 이치에 닿지 않는 엉뚱한 대답을 하거나, 몽둥이로 때리거나, 멱살을 잡거나, '할'을 외치거나, 불자를 들거나, 오근(안이비설신)을 활용한 다양한 수단을 동원합니다. 여기에는 여러 의미가 담겨 있습니다. 그 하나는 곧 '스스로 의심하고 견성하라.'는 직접 체험에의 다그침일 것이며, 다른 하나는 '똑바로 보라.'는 노파심의 일환이며, 또한 질문 자체의 그릇됨에 대한 갈파이기도 할 터입니다. 어쨌든 세간의 논리와 이성의 차원을 떠나 있기에, 배움의 길에 나선 사람들이 선지식을 인식하기 어렵다는 곤혹스러움에 처하기도 합니다. 선지식임을 은근히 자처하지만, 실상 그중에는 깨닫지 못하거나 삿된 깨달음에 의지하는 '착각도인'이 없지 않을 것입니다.

화두를 들고 의심하는 간화선은 중국 조사선의 명맥을 고스란히 잇고 있습니다. 중국에서는 조사선의 시작을 6조 혜능으로 삼고, 그 제자인 남악회양→마조도일→백장회해→황벽희운→임제의현 을 거치면서 완성되었다고 이해합니다. 물론, 2백여 년을 더 거슬러 올라가 축도생과 승조를 시조로 꼽는 학자들도 있습니다. 신랄하게 비판하는 분들은 조사선의 전승법맥 자체를 날조라며 부정하기도 합니다.

어쨌든 이러한 조사선의 취지와 내용, 형식이 시간이 흐르면서 '구두선, 문자선, 의리선'으로 퇴색되고 변질되었다고 판단한 대혜 선사가 간화선의 체계를 정립합니다. 이것이 불교 내부의 상황이라 면, 불교 외부의 상황은 신유학이라 불리는 성리학의 도전입니다. 성리학은 공자와 맹자의 유교, 노자와 장자의 도교, 불교의 이치를 고루 수용하면서 성장했기에 그 영향력이 매우 컸습니다. 이는 간 화선 또한 역사적 맥락에서 결코 자유롭지 못하다는 얘기입니다.

> "天命之謂性 率性之謂道 修道之謂教
>
> 하늘이 명한 것이 성이고, 그것을 따르는 것이 도이며, 도
> 를 닦는 것을 교라고 한다."

이는 유학의 4서 가운데 하나인 『중용』의 핵심 구절입니다. 어찌

진짜 불교 가짜 불교

보면 조사선의 주장과도 많이 닮았습니다. 당송 시대 선사들이 유학의 선비들과 많은 교류를 가진 까닭도 공통분모가 많아서일지도 모르겠습니다.

알음알이를 배제하고 돈오견성을 강조하는 한국 간화선의 수행 방법은 전통에 충실한 나머지, 폐쇄적인 구조를 띄고 있습니다. 이는 앞에서 말했듯, 상승과 단절의 변증법적인 의미를 구현하지 못하는 불균형한 모습입니다. 아니 어찌 보면, 과연 전통의 참모습을 고스란히 잇고 있는지조차 의심스러운 구석이 없지 않습니다. '지금, 여기'는 1,500여 년 전의 중국이 아닙니다. 인간과 자연에 대한 인문적, 과학적 탐구는 과거에 비할 바가 아닙니다. '신비'의 영역에 머물고 있는 종교의 역할이 위축되고 있다는 반증에 다름 아닙니다. 공시적 차원과 통시적 차원의 병행이 아쉽습니다.

대혜선사가 남긴 화두 수행법의 지침은 간략하게 유심, 무심, 언어, 적묵의 네 가지 태도를 버리라는 것으로 압축됩니다. 이는 곧 사량과 비사량의 차원을 모두 버리라는 얘기입니다. 이를 '의심'이라 하는데, 의심이 똘똘 뭉쳐 '의단독로(疑團獨露)' 하면 곧 화두가 깨쳐집니다. 화두가 순일하게 익으면 짧게는 7일 안팎으로 견성합니다. 화두는 선지식이 제자에게 건네는 그 모든 것입니다. 특별히 '무', '삼서근', '마른 똥 막대기', '이뭣고' 등만이 화두인 것은 아닙니다. 그러기에 1천 7백 공안이 있는 것입니다.

모든 분별을 버리는 '의심'이 생명인 간화선은 본래적 입장에서, 초기불교의 4념처 수행과 다르지 않다고 봅니다. 4념처 수행이 그렇듯이 간화선 또한 '정혜쌍수'입니다. 의심으로써 '집중'하고, 또한 화두가 건네는 불법의 대의 즉 연기, 4성제, 3법인의 이치를 '통찰'하는 것입니다.

　　"공부가 익은즉 화두를 쳐서 깨뜨릴 것이다. 이른바, 공부
　　란 세간의 잡다한 일을 헤아리는 마음을 '마른 똥 막대기'
　　위에 되돌려 두어서 정식(情識)으로 하여금 행하지 못하게
　　함이 마치 흙, 나무, 인형과 같음이라."

　　이는 대혜선사의 말씀입니다. 화두의 기능을 이렇게 이해하자면, 의심법이 관법, 염법과 다를 까닭이 없습니다. 이 모두가 일미(一味) 아니겠습니까. 다만 수행자는 근기가 제각기이므로 자기의 기질에 따라 걸맞는 수행법을 취하면 될 따름이고, 인연이 닿은 선지식은 제자의 근기와 현실적으로 처한 물리적, 사회적 상황을 감안해 수행 방편을 건네주면 되는 것입니다.

　　모든 화두는 두 가지 속성을 지닙니다. 그 첫째는 진여문인 불법의 대의를 가리키며, 사량하는 언어의 차원을 넘어서 공과 연기의 이치가 즉자적으로 주어집니다. 둘째는 생멸문인 사량하는 언어의 차원에 머물며, 공과 연기의 이치가 작용하는 현상을 가리킵니다. 물론, 비사량의 세계와 사량의 세계가 따로 존재하는 것으로 착각

해서는 안 됩니다. 선험과 경험, 현상과 본질을 나누는 것은 의식, 인식의 속성이 그러하기 때문입니다. 경험과 현상을 통해서 선험과 본질의 세계를 확인하지만, 그 자리가 다름 아닌 '지금, 여기, 바로 이 마음'에 지나지 않습니다. 그리하여 공의 이치가 곧 현상계의 작용임을 결국 가리킵니다. 이 또한 중도의 가르침에서 벗어나지 않습니다. 그리하여 깨달은 자들의 노래가 있지 않은가요? 그렇지 않다면 선사들의 오도송 또한 자가당착의 오류에 빠지는 것입니다.

선문답 또한 화두의 성격과 다르지 않습니다. 비논리의 차원이라 하여도, 비논리는 논리를 바탕으로 하기 때문에 결코 논리적 구조를 벗어나지 않습니다. 의미와 무의미의 연기적 관계와 다르지 않습니다. '의언진여(依言眞如)'인 셈이죠. 그렇다면 선문답이 가리키는 곳, '직지인심(直指人心)'은 어디일까요? 이 또한, 중도이자 연기, 공에 다름 아닙니다. 이는 화엄의 이사무애, 사사무애의 법계이며, 진제와 속제, 중도제일의제가 어우러진 논리와 분별, 곧 알음알이의 차원입니다. 선사들이 남긴 오도송과 임종송 또한 여기에서 벗어나지 않습니다. 물론 여기서의 논리와 분별, 알음알이는 전도망상 된 중생의 차원에서가 아닌, 정확하고 분명하게 봄(正見)의 차원입니다.

선종에서는 교종의 이치로써 깨닫는 태도를 알음알이라 폄하합니다. 화두, 선문답, 오도송 등은 과연 알음알이로써는 깨칠 수 없는 소실점 너머의 차원인 것일까요. 화두를 든 채 용맹 정진해야만 기연이 맞아 깨치는 순간이 다가오는 것일까요. 그러나 불법의 이치는 알음알이로도 충분합니다. 붓다께서 출현한 이유이며, 그러한 까닭에 붓다께서 장광설을 아끼지 않은 것 아니겠습니까. 초기 경전인 『숫타니파타』나 『아함경』, 『니까야』 등을 보면, 붓다께서 몇 번씩 똑같은 내용을 되풀이하면서 문답과 설법을 합니다. 중생들에게 근기에 맞는 화두나 하나씩 안겨 주면 될 일을 왜 그리 비생산적인 노력을 기울였을까요.

선사들은 나름대로 아끼는 화두가 있습니다. 어떤 분은 '이뭣고?(是甚麽)', 어떤 분은 '무(無)'를 으뜸으로 치며, '덕산탁발화(德山托鉢話)', '일면불월면불(日面佛月面佛)', '백척간두진일보(百尺竿頭進一步)', '부모미생전본래면목(父母未生前本來面目)' 등을 으뜸으로 치는 분도 있습니다. 이들 화두뿐만 아니라 모든 화두는 알음알이의 차원에서 충분히 깨칠 수 있습니다. 이는 깨달음을 어느 자리에 위치하느냐에 따라 달라지는 문제입니다. '단박에 깨달음'을 초기불교의 예류자에서 아라한까지의 과위 성취 과정의 압축 문제로 보면 어려울 게 없습니다. 근기가 뛰어난 분들은 쉽게 유학에서 무학으로 건너갈 것이고, 근기가 열악한 분들은 그 과정을 하나하나씩 고스란히 밟아 가므로 지난할 따름입니다. 그렇지만 무학인 아라한의 과위에 도달한다는 점에서는 '돈오'와 '점오'가 다를 바가 없습니다. 물이 끓기까지는 불, 바람, 습기, 온도 등 다양한 조건에 따라서 달라지지만, 비등점에 이르면 한결같이 단박에 끓기 마련입니다.

성철 스님이 '돈오돈수'를 강력하게 주장한 이면에 당시의 불교계가 처한 현실을 무시해서는 안 됩니다. 오죽하면 '봉암사 결사'를 감행했을까요. 물론 성철 스님으로 인하여 빚어진 '돈점 논쟁'의 소모적인 다툼은 부정적인 부산물이라 하겠습니다. 그리고 그 연장선상에 있는 '깨달음 절대주의' 또한 부정적인 파급 효과가 지대합니다. 그런 까닭에 '깨달음'에서 '해탈'로 초점이 바뀌어야 합니다. 선(禪)의 지향이 깨달음이 아니라 해탈임은 앞에서 강조했지만, '선'만이 궁극적 진리에 다가갈 수 있는 차원이라는 그릇된 생각에서 또한 벗어나야 합니다. 선(禪)이 '이언진여(離言眞如)'라면, 교(敎)는 '의언진여(依言眞如)'입니다.

그렇습니다, 알음알이인 해오를 '깨달음'의 자리, 궁극적 깨달음의 경지인 증오를 '해탈'의 자리에 놓아야 합니다. 깨달음이 곧 해탈인 그런 태도는 지양되어야 합니다. 위경으로 의심받고 있는『능엄경』의 말씀을 빌리자면, '이치는 단박에 깨달을 수 있으나, 몸과 마음에 배인 습기는 한꺼번에 사라지지 않으니 차례를 따라야 한다 (理則頓悟 乘悟並消 事非頓除 因次第盡).'인 바, 이는 여러 선사들이 또한 자주 인용하지 않았던가요. 그렇지 않다면 깨달은 후의 수행인 '보림(保任)'은 헛말이 될 것입니다.

"성품에 맡기어 거닐되, 인연을 따라 내려놓아야 한다.
다만 범부의 마음을 다할지언정, 달리 성현의 견해가 없다
(任性逍遙 隨緣放曠 但盡凡心 別無聖解)."

당나라 때 천황도오 선사가 제자 용담숭신이 보림에 대해 묻자 해
준 말씀입니다.

또한 해오에서 증오에 이르는 길이 하나가 아님을 말하고 싶습니
다. 의심법만이 아닌, 관법 염법 등 다양한 수행법 또한 나란히 놓
여 있는 것입니다. 인식론적 전환이 곧바로 존재론적 전환으로 이
어지는 것은 결코 아닙니다. 연기를 깨닫고, 그 소중한 진리를 현실
속에서 구현하는 엄청난 노력이 없다면, 해탈은 결코 주어지지 않
을 것입니다. 깨달음은 해탈이라는 먼 여정의 첫걸음에 다름 아닌
것입니다.

진짜 불교 가짜 불교

3

연기(緣起), 공(空), 불이(不二)

붓다께서 체득하신 진리인 연기는 이 세상을 이루는 5온과 5취온의 전개 법칙입니다. 12연기가 바로 그것이지요. 다양한 조건이 성립되어야 발생하는 존재인 법은 지극히 당연하게도 무아의 성품을 지닐 수밖에 없습니다. 스스로 존재할 수 없으니 말입니다. 영원불변하는 고정된 실체적 자아가 없을 따름이지, 연기적 관계가 지속되는 상태인 법이 존재하지 않는다는 뜻은 아닙니다. 다만 형성 작용이 항상 하지 않기에, 형성력이 다하고 조건이 변하면 법 또한 존재 상태를 지속하지 못하고 소멸합니다. 예를 들자면 짧게는 한 생각의 일어남과 사라짐, 길게는 한 삶에서의 육체의 생성과 소멸. 이렇게 연기한 법의 성품을 무상, 고, 무아 3법인이라 합니다.

진리인 연기는 대승불교가 등장하면서 공(空) 또는 공성(空性)으로 대체됩니다. 반야와 중관의 사상이 '연기'를 고스란히 전승한 것이었으면 별 문제가 없었겠지만, 空은 전혀 낯선 이질적인 형이상학적 세계를 드러냅니다. '실체는 없으나 실재하는' 연기의 세계는 증발해 버리고, '실체도 없고 실재하지도 않는' 空이 주인 노릇을 하게 된 거죠. 조금 어려운 얘기일 수 있지만, 실체도 없고 실재하지도 않는 '空의 상태'가 또 다른 '실체'로 등장하게 된 것입니다. 한국 불교 예불의식에서 빠지지 않고 읊어지는『반야심경』이 그 좋은 예이겠죠.

여기에 덧붙여 화엄의 법계연기론이 등장하면서, 5온인 법의 실재성은 형이상학적이고 관념적인 희론의 영역으로 비상해 버립니다. 연기하는, 관계하는 법들은 상호 의존적이기에 배타적일 수 없는 나름의 가치를 지닌다는 의미이지, 그렇다 해서 그 경계가 모호해지고 무너진다는 의미는 아닙니다. 있음(有)과 없음(無)이 혹은 같음(同)과 다름(異)이, 밀물과 썰물, 바닷물과 파도처럼 그 경계가 흐릿해서 분별할 수 없다는 그래서 서로 다르지 않다는, 관계의 의존성이 법들의 동질성, 무차별성, 동일성으로 비약해서는 결코 안 됩니다.

대승불교 교리의 정점인 중관(中觀)과 유식(唯識)의 통일장이론이랄 수 있는『대승기신론』또한 불이(不二) 사상 정립에 큰 몫을 합니다. 진여문과 생멸문은 일심(一心)으로 귀결되며, 일심은 곧 여래장, 중생심, 불성과 다르지 않다는 결론에 이릅니다. 선종 6조인 혜능의『6조단경』에서는 '번뇌가 곧 보리'라 단호하게 규정하기까지 합니다. 진여문과 생멸문은 동전의 앞뒤와 같으며, 중생심에 내재된 불성을 자각하기만 한다면 곧 부처라는 선언입니다. 감동적이지만, 공허한 울림에 지나지 않는 결코 이루어지지 않는 약속입니다.

대승의 不二 사상은 진속불이(眞俗不二), 선악불이(善惡不二) 등 사유와 행위의 영역을 잠식하며 그 폐해가 극심합니다. 한국 불교 최대 종단인 조계종 승려들이 음주, 도박, 은처, 폭력 등의 사건으로 언론에 종종 등장하여, 신심이 두터운 불자들의 눈살을 찌푸리게 하는 일이 적잖은 것이 현실입니다. 그릇된 논리적 사유가 거기에서 멈추지 않고 나아가 도덕적 행위의 당위성을 훼손하고 무화시켜서는 안 될 일이겠죠.

　붓다의 가르침은 '4성제' 안에 죄다 녹아 있습니다. 3법인, 12연기, 8정도. '위없는 바른 깨달음'에 무엇을 더하고 뺄 것이 있겠습니까. 다행스럽게도, 2,500여 년 전 붓다께서 거닌 옛길을 조심스레 복원하는 출가자와 재가자님들의 노력이 작게나마 결실을 보고 있어서 큰 의지가 됩니다. 세대교체가 크게 이루어지는 30년 후면 한국뿐 아니라 중국, 일본 등 동아시아 불교가 원래의 모습을 적잖이 되찾게 되리라고 생각합니다.

∽∾ 4 ∽∾
분별과 무분별

깨달음을 궁극적 경지로 여기는 선가에서는 '분별'을 끔찍하게 혐오합니다. 분별이 참나를 깨닫고 확인하는 데 가장 큰 걸림돌이라봅니다. 분별을 떠난 경지인 참나는 언어와 사유로써는 닿을 수 없는, 어쩔 수 없이 언어와 몸짓이라는 방편을 활용하여 드러내자면다만 알 수 없는 '무엇'이며 '그것'일 따름입니다. 손가락을 퉁기거나세우고, 손뼉을 치고, 주장자를 휘두르면서, "그것, 그것!"을 외칩니다. 그러나 분별하지 않음이 또한 분별인 것을 그들은 외면합니다.

주관과 객관, 세상과 나, 번뇌와 깨달음, 세간과 출세간이 둘이 아닌, '그것'에서 모든 법이 일어나고 생멸합니다. 하지만 '그것' 또한법입니다. 법이라면 당연히 무상하고, 고이며, 무아인 성품을 지니고 있기 마련입니다. 영원하고 변하지 않는, 그 모든 법의 제1 원인이자 초월적 실체인 '그것'은 망상이며 혼란, 착각입니다.

언어와 개념, 인식과 사유는 분별을 그 속성으로 합니다. 주관과객관이 마주하며 연기합니다. 주관이자 정신적 요소인 감수와 인지,

진짜 불교 가짜 불교

인식, 의도는 객관인 대상 없이 홀로 일어나지 않습니다. 마음 없이, 인식과 사유 없이, 우리는 세상을 파악하고 분석하지 못합니다. 돌과 나무가 붓다일 순 없는 노릇입니다. 붓다께서는 "바르게 분별하라." 하셨지, "분별하지 말라."고 하시지는 않았습니다.

선가의 고승들이나 선지식들이 강조한 '무분별'이 '무(번뇌)분별'이 었으나, 시간이 흐르면서 그 뜻이 변질되고 왜곡되지 않았나 싶기도 합니다. 번뇌로써 분별하는 것이 바로 '비여리작의(非如理作意)'이며, 지혜로써 분별하는 것이 '여리작의(如理作意)'입니다. '상·락·아·정' 의 번뇌로 물든 마음의 인식과 사유가 비여리작의이며, '무 상·고·무아·부정'의 지혜로 청정해진 마음의 인식과 사유가 여리 작의입니다.

무분별은 '나'를 떨구지 못한 무지와 집착에서의 분별심을 내려놓 으라는 당부입니다. 즉 5취온이 아닌 5온으로써 연기해야 한다는 얘기입니다. 내가 인식하는 것이 아니라, 의식이 인식하는 것이며, 내가 사유하는 것이 아니라 사유가 사유하는 것이며, 내가 행위 하 는 것이 아니라 의도적인 사유와 말과 몸짓이 행위 하는 것입니다. 무분별은 정확하고 분명한 분별을 가리키는 것이지, 분별 자체를 지워 버리자는 어리석은 가르침이 결코 아닙니다.

무분별의 또 다른 폐해는 현실 긍정의 태도입니다. 번뇌와 깨달 음이 둘 아니며, 세간과 출세간이 다르지 않으므로, 당연한 귀결입니다. 지금, 여기, 이대로 완전합니다. 구할 것도 없고, 얻을 것도 없습니다. 뭔가 불편해 보이지 않으신지요. 그렇습니다. 이러한 지극히 세속적인 태도는 붓다의 가르침을 전면에서 부정하고 있습니다. 4성제에서 첫 번째 자리인 고제(苦諦)가 민망할 지경입니다. 또한 고통스러운 윤회를 끝내기 위해서 수행해야 할 그 어떤 당위성도 찾기 어렵습니다.

진짜 불교 가짜 불교

5

3가지 생각

  선가에서는 '한 생각이 일어나는 그 자리, 그것'이 참나, 지혜, 아는 마음이라고 정의하는데, 또한 그 자리는 본래 있었던, 생각(번뇌)에 물들지 않은 순수 의식이라고도 합니다. 밖으로 찾고 구하지 말며, 찾고 구하는 그 마음이 바로 그것이라고도 합니다. 본래, 원래 있었다는 것은 '연기하지 않는, 고정불변하는'이란 의미로, 붓다의 가르침을 정면에서 부정하는 삿된 행위입니다. 생각이 일어나는 그 자리, 일어난 한 생각을 알아차리는 그것 또한 정신적 요소인 형성 작용에 지나지 않습니다. 연기한다는 것이죠. 생각의 배후에 형이상학적인 초월적인 무엇, 실체가 있다는 생각은 그것에 어떤 이름을 갖다 붙인다 해도 망념, 혼란, 혼동, 착각입니다. 이러한 잘못된 태도는 자연스럽게 고정불변의 실체인 한마음, 공, 참나, 일심, 자성, 청정심, 중생심, 주인공, 본래불 등의 사상으로 전개됩니다.

  '알아차림' 또한 의도적 작용인 형성 작용일 뿐입니다. 알아차림은 마음, 생각이 아니라 '형성 작용(行)' 가운데 선법에 속하는 법입니다. 잠재되어 있던 순수 의식, 앎, 지혜가 떠올랐다가 다시금 가라앉는 그런 시스템은 아닙니다. 조건에 의지해서 생멸하는 법일 따름입니다. 알아차림은 대상이 '무상·고·무아'라고 정확하게 분별하는 연기적 사유입니다. 알아차림은 마음이 어리석음에서 벗어나 있어야 작용합니다. 알아차려야 대상에 휘둘리지 않고, 대상을 쫓아가지 않습니다.

연기를 부정하는 그릇된 사상과 태도는 대승에서 떠받드는 매우 난해하지만 심오한 저술인 『대승기신론』에서도 고스란히 확인됩니다. 이러한 실체론적 사상은 청정한 한마음, 참나가 왜 오염되었는지, 왜 윤회하는지 설명하지 못합니다. 다만 '불가사의하다'는 불성실하고 무책임하며 오만한 자세로 일관합니다. 세세생생 윤회하며 중생을 제도하겠다는 보살 사상도 마찬가지입니다. 깨달은 이, 해탈한 이는 다시금 몸을 받지 않기에 세속적 욕망을 거부하고 수행에 매진하는 선량한 수행자들을 모독하는 행위입니다.

생각이라는 개념 또한 확실하게 정립되어 있지 않기에 매우 혼란스럽습니다. 5온에서 정신적 요소인 識과 心(受와 想), 行 모두를 생각으로 뭉뚱그려서 이해합니다. 생각은 감각기관인 뇌(意)의 작용입니다. 눈의 작용이 시각, 귀의 작용이 청각이듯 말이죠. 그리고 이러한 생각의 내용을 아는 것이 의식입니다. 마음의 작용 또한 생각이 아니라 판단이라고 해야 좀 더 정확할 겁니다. 시각, 청각, 미각, 후각, 촉각, 생각이 작용하고 그 종합적 내용인 의식, 앎, 정보가 마음에 전해집니다. 12연기의 **'촉→수(受와 想)'**입니다. 이러한 정보를 조건으로 마음이 대상에 대한 판단의 과정을 거쳐서 다시금 재구성됩니다. 감성적이며 이성적인 심리의 형성입니다. 그리고 이런 심리를 바탕으로 대상에 대한 관계 맺음, 의도적 행위가 형성됩니다. '애→취'입니다. 의도적 행위인 업은 '사유-말-몸짓'의 세 가지 형태로 전개됩니다. 여기에서의 사유는 인식 행위에서의 생각과는 전혀 다른 작용입니다. 혼란을 피해서 사유라고 정의하는 게 좋을 듯싶습니다.

정리하자면 흔히 얘기하는 '생각'에는 3가지가 있습니다. 인식으로서의 생각, 판단으로서의 생각, 사유로서의 생각. 이 모두가 정확한 분별없이 혼란스럽게 쓰임으로써 인식과 마음의 재구성, 의도적 행위의 연기 과정이 모호해져 버리는 부작용이 있습니다. 이는 어찌 보면 心, 意, 識을 동일시한 부파불교의 착각에서 비롯한 것일지도 모릅니다. 또한 유식학에까지 영향을 미친 心王(識), 心所(受想思)라는 개념도 문제입니다. 5온에서 의식이 근본이고 나머지 수, 상, 행은 의식의 작용이라는 정의는, 유식학에서 7식, 8식 나아가 9식을 계속 출몰시키는 황당한 폐해를 낳았습니다. 수, 상, 행, 식은 제각기 고유의 기능과 작용을 갖고 있습니다. 그렇기에 붓다께서는 그 4가지 정신적 요소들을 절대 혼동시키지 않았습니다.

초기불교든 대승불교든 마음을 매우 중요시하는 태도는 바람직합니다. 불자라면 익히 아는 '一切唯心造'는 무척 좋은 구절입니다. 물론 마음을 실체화하지 않는다는 전제에서죠. 생멸하는 법인 마음(판단)이 인식(생각)과 행위(사유)의 작용에 큰 영향을 미치기 때문입니다. 탐욕과 무지에 물든 마음, 자비와 지혜로 가꾸어진 마음, 어떤 마음이냐에 따라 생각하고 사유하는 우리 삶의 풍경은 천차만별로 달라집니다.

지금 여기 어떤 마음이 작용하느냐에 따라 중생과 붓다라는 극단적인 현존의 상태로 나뉩니다. 한순간 지혜가 작용함으로써 붓다가 출현하고, 한순간 번뇌가 작용함으로써 중생이 출현합니다. 그러나 한순간 지혜가 작용했다 해서 범부 중생이 붓다로 완전히 인격적 탈바꿈을 하는 것은 결코 아닙니다. 금이 0.0001% 들어 있다 해서 그 돌덩어리를 금이라 여길 수 없으며, 심장이 뛰고 있다 해서 개와 돼지를 인간이라고 부를 수는 없는 노릇입니다.

깨달음은 이 마음을 어떻게 완전하게 구성시키느냐에 달려 있습니다. '상, 락, 아, 정'이 아닌 '무상, 고, 무아, 부정'의 판단이 자리할 때, 어둠인 무지가 벗겨지고 지혜가 햇살처럼 드러납니다. 고정불변의 '아는 마음, 한마음, 순수 의식, 그것'이 아닌, '무상, 고, 무아'로 정확하고 분명하게 분별하는 지혜 작용이 바로 깨달음입니다. 깨달음을 신비화하고 추상화하고 실체화해서는 안 될 노릇입니다.

6

수행의 목표, 깨달음과 열반

 불교 교학과 수행의 목표는 무엇일까요? 새삼스럽지만, 고통의
소멸 즉 열반입니다. 그리고 고통의 소멸에 이르는 길인 8정도가
수행 지도이자 내비게이션이라고 할 수 있습니다. 교학의 이해와
습득이 정견, 정사유이며, 나머지 6가지는 실천적인 수행방법론입
니다. 물론 초기불교에서의 깨달음은 성자의 첫 관문입니다. 그리
고 거기에서 머물지 않고 궁극적인 깨달음, 고의 소멸, 해탈, 열반으
로 나아갑니다.

 하지만 대승에 이르러서 수행의 목표는 '깨달음'으로 슬그머니 옷
을 갈아입습니다. 심지어 선불교에서는 수행을 부정하기까지 합니
다. 이 모두 '고통의 소멸'이라는 당위적 가치 실현을 지워 버리고,
깨달음의 내용으로 '불성, 본래자성, 여래장, 한마음, 일심, 공, 법신
불' 등의 추상적이자 초월적인 실체로 갈음합니다. 깨닫는 즉시 해
탈하여 무애자재, 원융무애, 공적영지 한 삶을 펼쳐 나간다는 주장
입니다. 붓다의 가르침인 4성제는 온데간데없습니다. 깨달음의 점
차적 단계인 4향4과도 없습니다.

대승의 깨달음은 역사적 상황에 따른 편차가 심했다는 정도가 아니라, 붓다의 가르침을 의도적으로 왜곡, 변질시킨 노림수입니다. 이는 『대승은 끝났다』의 저자 시현 스님이 밝힌 대로 종교 권력의 패권을 노린 삿된 욕망의 결과인지도 모르겠습니다. 정치권력, 경제 권력, 문화 권력뿐만 아니라 사상과 철학 이데올로기 투쟁 또한 치열합니다. 그중 으뜸은 아마도 종교 권력에의 욕망일 겁니다. 진리를 향한 갈구, 불사(不死)에의 욕망은 숱한 세속적 욕망을 하찮게 여기는 힘을 갖고 있기 때문입니다.

붓다의 출현 이후, 불교 수행의 현실적인 목표는 예류자의 깨달음입니다. 예류자를 성취해야만 일래자, 불환자를 거쳐 아라한의 경지에 이를 수 있기에 지극히 당연한 설정입니다. 또한 예류자를 성취하면 더 이상 3악도에 떨어지는 퇴행은 주어지지 않으며 최대 7번의 윤회를 거쳐 해탈하기에 해탈은 '시간문제'일 따름입니다. 과위를 성취한 성자는 스스로 자기 과위의 증명이 가능합니다. 붓다께서 그러하셨듯이 말입니다. 스승의 인가는 중요하지만 반드시 요구되지는 않습니다.

붓다의 가르침이 실종된 한국 불교사에서 과연 아라한은 몇 분이나 출현하셨을지 궁금합니다. 수행의 자기 점검이나 성자를 분별하는 안목의 잣대는 '열 가지 족쇄'입니다. 무아를 얘기하면서 동시에 참나를 들먹이는 한국 불교의 큰스님, 위대한 선사들 가운데 열가지 족쇄의 관문을 모두 통과한 아라한, 무학자는 몇 분이나 계실

진짜 불교 가짜 불교

지 또한 의문입니다. 아니 예류자는 몇 분이나 출현하셨는지 궁금
합니다.

삶의 풍경,
있는 그대로 알고 보기

1

소유와 존재, 욕망의 확대 재생산

　인간의 감각기관이 생존에 최적화되는 상태로 변화하는 것을 생물학적으로는 진화라 일컫습니다. 번식은 두 번째 문제이겠죠. 불교적 시각에서는 이를 두고, 소유적 욕망과 존재적 욕망이 확대 재생산되는 것으로 규정합니다. 욕망의 본질은 만족이 아닌, 끝없이 욕망하기 그 자체가 아닐까 싶습니다.

　인지의 오류와 왜곡은 이러한 욕망을 조건으로 하며, 그렇듯 욕망은 인지의 왜곡과 오류를 조건으로 합니다. 12연기에서 무명과 번뇌가 상호 의존적인 연기 관계임을 밝힌 까닭입니다. 무명을 앞세운 까닭은, 삶에 대한 반응 때문입니다. 원숭이와 코끼리, 나비와 인간이 의식이 있는 유기체라는 측면에서는 동일하지만, 그 의식의 수준은 크게 차별적입니다.

　의식이라는 것은 무엇일까요? 붓다께서는 의식은 6가지 감각기관을 조건으로 하는 인식 작용이라고 말씀하셨습니다. 눈, 귀, 코, 입, 몸, 뇌를 조건으로 바깥 대상을 이해하는 작용이 바로 그것입니다. 보고, 듣고, 냄새 맡고, 맛보고, 감촉하고, 생각하는 이러한 여섯 가지 의식이 바로 의식의 전부입니다. 대승에서는 7식, 8식을 거론하지만, 초기불교에서 그 밖의 의식은 없습니다. 이러한 감각기관을 조건으로 인간은 바깥 대상을 인식하고, 바깥 대상과 자신과의 관계를 설정하기 위한 반응을 보입니다, 말하자면, 입력과 출력입니다. 입력과 출력의 기본 시스템은 마음이라는 정신적 작용에 의지합니다. 5온에서 受와 想입니다. 온갖 유기체들의 삶의 질이 다른 까닭은 바로 이 수와 상으로 형성되는 마음의 작용 때문입니다. 마음에 대한 이해와 판별에서 한국 불교(대승, 선)는 붓다의 가르침과 많이 어긋나 있습니다.

붓다께서 깨달은 연기법은 그 속성이 무상하고 무아이며 불완전하고 불만족스러우며 그런 까닭에 괴로움이라는 진실을 모든 존재에 각인합니다. 삶의 진실이 고통과 불만족이라는, 행복 또한 없지 않지만 결국에는 고통으로 마감될 뿐이라는 잔인한 현실입니다. 여기에서 수행의 궁극적인 목적이 현상적인 삶의 완성에 있지 않으며, 고통의 소멸에 초점이 주어진다는 사실에 유의해야 합니다. 삶은 연기의 속성상 완성될 수 없습니다. '현실을 있는 그대로 알고 보라.'는 제법실상여실지견(諸法實相如實知見)은 곧 연기와 그 속성인 3법인을 꿰뚫어 본다는 얘기입니다. 지견은 경험론과 합리론의 총화로 '알아야 보이고, 보아야 안다.'이며, 이 또한 연기의 그물에서 벗어나지 못합니다.

붓다께서 열반하신 후 500~600년 후에 형성된 대승불교는 그 이전의 불교를 소승이라 폄하합니다. 더 나아가 선불교에서는 붓다 시대의 수행법을 여래선, 자신들의 수행법을 조사선이라 칭하며 여래선을 저열한 수행법으로 깎아내립니다. 수행의 궁극적 목표가 깨달음이라면, 결국 붓다의 깨달음을 무시하는 패륜적 행태입니다. 수행법이야 시대적 지리적 문화적 조건에 따라서 전통과 혁신의 조화가 이루어지면서 형성될 수도 있겠지만, 깨달음의 내용에는 덧붙일 것도 뺄 것도 없는 것이 지극히 당연한 것입니다.

붓다의 깨달음은 연기입니다. 세상의 모든 법들은 상호 의존적으로 발생하고 소멸한다는 이치입니다. 그러한 법들 가운데 유기체의 속성이 무상, 고, 무아이며, 이러한 이치를 따라서 전개되는 삶의 모습이 12연기입니다. 삶은 무명과 갈애라는 조건으로 인해 형성되는 것이며, 그런 까닭에 무명과 갈애를 소멸시키면 끝없이 펼쳐지는 고달픈 윤회의 굴레에서 벗어날 수 있습니다. 무명과 갈애를 소멸시키는 수행법이 바로 4성제에서 도성제인 8정도입니다.

유신론적 종교에서의 기도, 묵상 등의 행위나 염불수행이나 화두수행 등의 행위에서 겪는 체험은 뭉뚱그려서 선정 체험이라 할 수 있습니다. 선정 체험은 지극히 개인적인 영역이기도 하며, 그러한 체험을 어떻게 해석하고 판단하느냐에 따라 체험에 대한 이해는 크게 달라질 수밖에 없습니다. 물론 붓다께서는 4선정에 대해서 아주 자상하게 설명해 주셨기에 어떠한 착각이나 오류가 주어질 수 없습니다. 붓다의 궁극적인 가르침은 열반입니다. 선정은 그 자체로 완결성을 지니는 것이 아니라, 지혜, 더 나아가 열반을 지향하는 토대로서의 역할이라는 얘기입니다.

2

내가 존재한다는 실체론적 착각

한 개인에게 내던져진 삶의 궁극적 목적을 거칠게 뭉뚱그려서 이해하자면, 욕망의 자기화, 실현 아닐까요? 그렇다면 대저 욕망이란 놈은 무엇인지, 욕망하는 나란 놈은 무엇인지 궁금하지 않을 수 없습니다.

욕망의 주체라고 착각하는 '나', '자아', '자기'는 아라한이 되어야 부서지는 실체론적 착각입니다. 수행을 통해서 '무아'를 증득하기까지는 결코 쉽지 않은 난관이 가로 놓여 있습니다. 그 길을 떠나기 전에, 5온의 구성 요소 또는 5온의 총체를 '나'라고 간주하는 유신견을 먼저 소멸시켜야 합니다.

'무아'에 비하면 욕망은 그 정체를 밝히는 것이 그리 어렵지 않습니다. 욕망은 그 다양한 모습과, 발생과 머묾, 소멸을 직접 확인할 수 있기 때문입니다. 욕망은 탐욕, 간탐, 갈구, 애착, 집착 등의 이름으로 불립니다. 번뇌의 일부이기도 합니다. 좋아하고, 사랑스럽고, 마음에 들어서 내 것으로 하고자 하는 욕계에서의 소유적 욕망이 있습니다. 그리고 거칠고 천박한 소유적 욕망을 떨군, 색계와 무색계에서의 존재적 욕망이 있습니다. 존재적 욕망은 선정 수행을 통해 체험하는 수승한 경지에 머물고자 하는 욕망입니다. 색계에서는 몸에 대한 집착을 떨구지 못하지만, 무색계에서는 몸에 대한 집착은 없으나 정신적 요소에 대한 집착을 떨구지 못한 상태입니다.

욕망은 인식과 행위 모두에 걸쳐서 작용합니다. 인식과 행위의 토대가 마음이므로 당연히 마음과도 관계를 맺고 있지요. 마음은 5온 가운데 감수(受)와 인지(想)로 구성됩니다. 대상을 인식한 후에 마음이 재구성되면서 욕망이 발생합니다. 길을 걷다가 꽃을 봅니다. 곱고 예뻐서 꺾어 집에 가져가고 싶다는 욕망이 발생합니다. 혹은 다른 사람들도 즐기게끔 잠시 감상하고서 가던 길을 갑니다. 순화된 소유적 욕망의 발생입니다.

진리인 연기법에 따라 욕망 또한 연기합니다. 12연기에 '觸-受-愛-取-有'의 전개가 있습니다. '촉'은 마음이 함께하는 6내입처와 6외입처 그리고 6식이 만나는 순간입니다. 3사화합이라고 하죠. 꽃에 대한 사랑스러운 마음이 깃든 눈의 시각의식이 꽃을 인식합니다. 그리고 뒤이어 '수'가 연기합니다. 수는 상과 늘 함께 합니다. 방금 인식한 꽃과 과거 꽃에 대한 기억이 함께하면서 새로운 느낌과 판단이 일어나고 마음이 재구성됩니다. '기대했던 만큼 아름답고 사랑스러운 꽃', '기대에 못 미치지만 예쁘고 향기도 괜찮은 꽃' 등 다양한 판단이 성립됩니다. 이러한 과정을 빨리어로 takka라 합니다.

takka라는 개념은 경전에서 잘 드러나지 않아 모르는 분들이 많습니다. '마음의 재구성'입니다. 어떤 분은 '순수 의식'이라고 규정했는데, 조금 모호합니다. vitakka는 경전에 자주 나와서 익숙하겠죠. 보통 '일으킨 생각'으로 이해합니다. vi는 '떨어져 나온, 분리된'이라는 뜻이니, takka에서 떨어져 나왔다는 의미로 받아들이면 무방합니다. 재구성된 마음인 takka를 토대로 일어난 사유입니다. 꽃을 확인하고서 꽃에 대한 탐욕스런 마음이 형성됩니다. 꽃을 꺾어서 집으로 가져갈 것인지, 그냥 감상만 할 것인지, 꽃에 대한 다양한 사유들이 스쳐 갑니다. vitakka가 확장되면서 '愛-取'가 연기합니다. 사유가 정리되고 꽃을 집에 가져가겠다며(愛) 꺾습니다(取). 그렇게 의도적 행위인 꽃을 소유하겠다는 결정(의업)과 꽃을 꺾는 행위(신업)를 짓습니다. 그리하여 '길가에 핀 꽃을 꺾어 집에 가져가는 사람'인 존재(有)라는 과보를 낳습니다. 이렇게 우리는 삶의 경험들의 내용이 쌓이면서 새로운 존재로 매순간 태어납니다.

이렇듯 욕망은 takka에서 탄생합니다. 곧 마음이 욕망의 모태이고 의지처이고 토대입니다. 지금 이 순간 어떤 마음(心理)이냐에 따라서 욕망의 성격과 방향이 좌우되는 것이죠. 범부 중생은 대체로 탐욕스런 마음, 성내는 마음, 어리석은 마음, 이 세 가지에 사로잡혀 있습니다. 그리고 이러한 욕망의 쌓임이 결국 나의 정체성을 결정 짓는 것입니다. 권력욕이 강한 사람, 명예욕이 강한 사람, 재물욕이 강한 사람, 성욕이 강한 사람, 식욕이 강한 사람, 수명욕이 강한 사람…. 물론 정체성 또한 연기하기에 무상하고 무아일 따름입니다.

진짜 불교 가짜 불교

인식識-마음心(受, 想)-행위行

위 네 가지 법은 5온 가운데 色을 제외한 정신적 요소들입니다. 한 순간 이전의 마음이 인식에 조건하고, 새로운 인식은 새로운 마음에 조건하고, 그 마음은 다시금 새로운 행위에 조건합니다. 또한 그 행위는 안팎으로 과보를 불러일으킵니다. 꽃을 꺾어서 집에 가져왔는데, 사유지인 까닭에 주인이 고발해서 도둑놈으로 경찰에게 불려갑니다. 도둑놈, 경찰에게 불려감이 안팎의 과보입니다. 주인에게 사과하고 풀려나긴 했지만, 다시는 길가의 꽃에 눈길을 주지 않게 됩니다. 황당한 그때의 기억과 느낌이 마음 한편에 뿌리내린 때문입니다. 결국 행위는 인식과 마음에 되먹임(feedback)하는 조건이 됩니다. 연기는 일방향이 아니라 쌍방향의 의존적 발생입니다.

삶의 모든 과정들, 인식과 행위의 중심에는 마음이 자리하고 있습니다. 지금 이 순간, 어떤 마음이 형성되고 있는지 유심히 지켜보아야 할 것입니다. 또 다른 의미에서의 一切唯心造입니다.

3

자아, 언어, 사유

붓다의 가르침인 3법인은 '제행무상, 제행개고, 제법무아'입니다. 열반을 제외한 모든 존재의 보편적 특징이자 성품을 가리키는 것으로, 모든 존재 혹은 작용은 영원하지 않고, 불완전하고 불만족스럽고 고통스러우며, 그러한 상태를 이렇게 저렇게 뜻대로 다룰 수 있는 고정불변의 실체인 '자아, 진아, 참나'라고 할 것이 없다는 설명입니다. 무아를 철저히 깨치는 것이 붓다 가르침의 궁극적 목표라 해도 과언이 아닐 겁니다.

이러한 '무아' 사상은 받아들이기 쉽지 않습니다. 이 몸과 마음이 내가 아니면 무엇이겠습니까. 내가 말하고 생각하고 행동하는 것이지, 다른 무엇이 나를 갈음하여 그 자리에 웅크리고 있다는 것인지. 그렇다면 붓다께서 정신과 물질의 복합체인 경험적 개체, 현실적인 '나'를 부정하셨을까요? 그렇지 않습니다. 고정불변의 나, 혹은 그 이면에 자리하고 있는 '자아, 참나, 진아'마저도 없음을 단호하게 선언하셨을 따름입니다. 현상으로서의 나, 현실적인 나를 배제하지는 않으셨습니다.

범부 중생은 5온을 '나, 자기'라고 착각하기에 5취온에서 벗어나지 못합니다. 깨달은 성자들의 육체와 정신은 5취온이 아닌 5온입니다. 제법무아에서 유위법의 존재 상태는 5취온과 5온이며, 무위법의 존재 상태는 5온입니다.

불교 수행의 점진적 결실로 수다원, 사다함, 아나함, 아라한의 4향4과(4向4果)가 있습니다. 중생과 구별되는 깨달은 성자들로, 4향은 입문, 4과는 성취의 자리입니다. 그리고 각 성자의 단계마다 부서지고 소멸되고 무너지는 번뇌의 종류가 배치됩니다. 말하자면, 깨달음과 성자의 수준을 가늠하는 잣대입니다. 10가지 족쇄인데 낮은 단계의 5하분결, 높은 단계의 5상분결로 구분합니다.

5하분결- 유신견, 계금취견, 의심, 탐욕, 성냄
5상분결- 색계에 대한 탐욕, 무색계에 대한 탐욕, 자의식, 들뜸,
　　　　 무명

수다원에서는 '유신견, 계금취견, 의심'이 사라집니다. 어찌 보면 8정도의 '바른 견해(正見)'라 할 수 있으며, 가장 낮은 단계의 깨달음이랄 수 있겠죠. 사다함은 수다원에 비해서 탐욕과 성냄의 번뇌가 아주 미세한 수준입니다. 물론, 성자들의 탐욕과 성냄은 중생들의 거친 그것과는 전혀 다른 차원입니다. 탐진치에 지배된 범부 중생의 눈으로 가늠키는 어렵습니다. 수다원과 사다함은 욕계 중생으로 몇 번 윤회하다가 불환자가 되거나 아라한이 되어 열반을 맞이

합니다.

아나함은 5하분결을 완전히 제거하고 존재에 대한 욕망과 자의식, 들뜸, 무명만이 남아 있습니다. 아나함은 욕계 중생으로는 윤회하지 않고 색계 정거천 하늘에 윤회하여 그곳에서 마침내 깨닫고 아라한이 되어 열반을 맞이합니다. 아라한은 5상분결을 완전히 깨뜨리고 어떤 번뇌도 남아 있지 않은 궁극의 경지입니다.

10가지 족쇄에서 '나'와 관련된 번뇌는 유신견, 자의식입니다. 유신견은 정신과 육체의 복합체인 5온을 나라고 여기는 견해로 중생의 5온은 5취온일 수밖에 없습니다. 육체와, 감수, 인지, 형성, 의식의 다발들, 무더기들을 제각기 또는 총체적으로 '나'와 '내 것'이라며 착각하고 집착하기 때문이죠. 이러한 유신견을 깨뜨리지 못하면 범부 중생에서 성자로 탈바꿈할 수 없습니다. 성자들의 법문을 듣고 오랫동안 사유한다고 해서 유신견이 부서지지는 않습니다. 수행이 뒷받침되지 않는 이해는 머릿속에서만 맴돌 뿐, 실제 대상(사람과 사물, 사건)과의 만남과 그 관계를 전개시키는 과정에 영향을 크게 미치지 못합니다. 상대적으로 인격이 좀 더 향상되었다뿐이지 범부의 수준에 여전히 머물 수밖에 없다는 얘기죠.

생각으로써, 올바른 견해로써 유신견이 무너지고 부서질 수 있다면, 얼마나 기쁜 일일까요. 근현대 철학사에서 무아 사상에 접근한 철학자들도 성자의 반열에 올랐으리라 믿어야 할까요. 그렇다면 영국 경험론의 흄이나 러셀, 독일 관념론의 칸트, 쇼펜하우어, 구조주의 철학자인 소쉬르, 데리다, 들뢰즈 등이 어쩌면 대승불교의 수행자와 학자들보다는 붓다의 가르침에 더 가깝게 다가갔다고 할 수 있겠습니다.

유신견이 깨졌음을 부서졌음을 어떻게 확인할 수 있을까요. 적어도 유신견이 부서진 수다원 이상의 성자에게 확인을 받거나, 일상적으로 스스로 검증할 수 있습니다. 교학과 수행 방법에서 어지러운 난맥상의 한국 불교의 현실을 고려한다면, 수다원인 수행자마저도 친견하기가 쉽지 않아 보입니다. 훌륭한 스승과 뛰어난 도반, 법우들이 곁에 있다 하여도 결국 수행은 스스로 할 수밖에 없으며, 그 과정이나 결실에 대한 점검 역시 스스로 해야만 합니다. 그렇지만, 수행 과정과 점검에 대한 지침은 이미 붓다께서 자상히 말씀해 주셨기에 어려울 것은 없습니다.

5하분결의 유신견과 5상분결의 자의식은 어떻게 다를까요? 이 몸과 정신을 나라고, 내 것이라고 의심치 않는 것이 유신견입니다. 유신견에 사로잡힌 5취온이 부서지면, 이 몸과 정신은 5온이 됩니다. 5온이 내가 아니라 해서 無我가 되나요? 여기까지는 非我입니다. 표층적 의식 수준입니다. 자의식은 빨리어로 asmi mana이며 '내가 있다.'인데, '자만', '착각', '자기화' 등으로 번역되어 있습니다. 무의식이나 잠재의식 수준의 심층적인 의식으로 '진아, 참나, 아트만'으로 이해할 수 있습니다. 5온이 내가 아니라 해도, 현상 너머의 그 어딘가에 사유로써는 다가갈 수 없고 이해할 수 없는, 본질적인 무엇이 존재하며 그것을 참나, 주인공, 아트만, 진아, 자아로 부르는 것이죠.

삶의 안팎, 그 어디에서도 삶을 주재하는 본질적인 나는 찾을 수 없습니다. 색수상행식으로 이루어진 안의 5온이 밖의 5온과 상호작용하면서 연기하면서 생멸하면서 흐르는 것, 이것이 전부입니다. 물에 비친 그림자를 보면서, 이것이 나다 내 것이다 다투면서 뛰어드는 것, 이것이 현실의 풍경입니다.

문제는 왜 이러한 자의식이 형성되는 것인지입니다. 붓다께서 정등각하시고 동료 수행자인 다섯 비구에게 처음 4성제를 설하시고 이어서 無我를 설하셨습니다. 그리하여 제자인 다섯 아라한이 출생했습니다. 3법인의 핵심인 무아설은 이해하기 쉽지 않습니다. 영원하지 않고 변화하며 불완전하고 불만족스러운 5온을 이렇게 저렇게 뜻대로 다룰 수 없기에 무아임이라 설명합니다. 하지만 그렇게 불완전하고 결핍된 존재로서의 현실적인 나, 변화하지만 어쨌든 자기 동일성을 유지하는 나는 존재합니다. 돌 사진 속의 아기, 초등학교 졸업식 사진 속의 아이, 결혼사진 속의 젊은이를 가리키며 '나'라고 의심하지 않습니다. 더 나아가 그 이면에 그러한 나를 지배하는 본질적인 참나가 존재한다고 착각하기 십상입니다. 그 참나를 확인하고 참나의 뜻을 깨닫는 것이 삶의 궁극적인 목표인, 유신론적 종교와 사상이 붓다 이후에도 수천 년 동안 큰 힘을 발휘하고 있는 실정입니다.

"손은 스스로를 더듬지 못하고, 칼은 스스로를 베지 못한다."라는 선가의 법문이 있습니다. 다양한 해석이 가능하지만, 연기로 이해함은 어떨는지요. 손은 더듬기 위해서 존재하며, 칼은 베기 위해서 존재합니다. 더듬기 위한 대상과 베기 위한 대상이 없다면, 손도 칼도 존재하지 않습니다. 손과 칼이 어떤 존재인지 이해하기 위해서는 대상을 확인해야 합니다. 감촉의 대상과 베임의 대상을 확인하면서, 손과 칼의 성품과 작용, 그 구조와 의미를 확인할 수 있지요.

정리하자면, 자의식은 '나'와 '세계'를 분별하는 인식의 속성입니다. 그리고 언어의 탄생은 자의식을 좀 더 단단하게 뿌리내리는 계기가 되었습니다. 이를 '인지 혁명'이라 합니다. 세계와 나의 관계를 점점 더 정교하게 분석하고 이해하게 된 것이죠. 인식과 언어는 주관인 '나'와 대상이자 객관인 '세계'를 정립하지 않고서는 성립할 수 없습니다.

언어 문자는 객관적 대상, 주관적 관념과 분리시켜서 이해하기는 어렵습니다. 주관과 객관의 관계 맺음은 표상, 개념, 언어, 기호 등의 형성 작용을 하는 인지에 의존합니다. 언어 문자 없이는 인식 작용 자체가 어렵습니다. 결국 인간은 언어로써 대상을 인식하고 사유합니다. 개념화할 수 없는 대상은 실재하더라도 의미가 없습니다.

제법의 실상인 '무상, 고, 무아'는 인식 대상들의 보편적 성품, 특성을 드러낸 것이지, 낱낱의 개별적 구조와 특징을 고스란히 드러낸 것은 아닙니다. 인간의 감각기관이 바깥 사물과 사건을 정확하게 있는 그대로 재현할 수는 없습니다. 인간은 인간 고유의 방식으로 대상을 재현할 따름입니다. 언어 또한 불완전한 인식을 불완전하게 재현할 수밖에 없습니다. 현미경과 망원경이 시각 능력을 좀 더 확대시켜 주기는 하지만, 본질적으로 인간 고유의 감각기관의 특징에서 벗어날 수 없듯이 말입니다.

　언어와 인식, 사유가 동일하다면, 사유의 구조와 언어의 구조는 다르지 않다는 얘기가 됩니다. 언어 구조에서 주어와 목적어인 주관인 '나'와 객관인 '너'는 분명하게 구별됩니다. 나는 원래부터 존재했고 앞으로도 존재합니다. 너 또한 다를 바 없습니다. 주어와 목적어는 사태, 사실을 드러내는 기호에 지나지 않는데, 원래부터 존재하는 불변의 실체로 착각케 됩니다. 자의식은 이렇게 언어와 생각의 심연 저 깊고 어두운 곳에 웅크리고 있습니다. 사유와 언어의 구조 그 자체가 자의식의 모태입니다.

　그렇다면, 분별을 뼈대로 하는 생각을 내려놓으면 자의식이 뿌리 뽑힐까요. 정확하고 적절한 분별이 지혜 작용일진대, 분별하지 않는다면 제법의 실상을 어떻게 있는 그대로 알고 볼 수 있겠습니까. 인식과 행위의 주체가 불변의 실체인 '나'라는, 이 몸과 정신의 이면에 '참나'가 있다는, 전도된, 거꾸로 선, 뒤집힌, 그릇된 견해를 바로

세우고, 멈춤과 통찰 수행으로 유신견과 자의식을 조금씩 떨치고
나아가다 보면, 마침내 無我의 달콤한 열매를 맛볼 수 있지 않을까
싶습니다.

내가 생각하는 것이 아니라, 조건에 따라 형성된 생각이 생각하는
것이며,

내가 판단하는 것이 아니라, 조건에 따라 형성된 판단이 판단하는
것이며,

내가 사유하는 것이 아니라, 조건에 따라 형성된 사유가 사유하는
것이다.

4

10가지 판단

붓다께서는 10가지 유념해야 할 인지 작용(想)을 말씀하셨습니다. 인식의 토대는 인지입니다. 인지에 따라서 외부 정보에 대한 해석과 판단이 하늘과 땅만큼 차이가 벌어지게 됩니다. 정치적 파벌인 보수와 진보의 견해가 극단적으로 나뉘는 까닭도 인지에서 비롯합니다. 혹은 정치적, 문화적, 경제적 견해가 같다 해도 그 안에서 거칠거나 미세하게 견해가 나뉩니다. 이 또한 개개인의 인지의 구조, 성분이 달라서입니다. 인식(입력)→마음→행위(출력) 과정을 고려하면, 인지는 '판단' 작용이라고 해도 무리가 없습니다.

감각기관인 6내입처가 외부 대상인 6외입처를 인식한 결과, 감성(受)과 인지(想)가 형성됩니다. 감성은 인지와 함께 마음 또는 심리를 형성합니다. 감성 즉 느낌은 생명체의 고유한 생명 활동입니다. 느낌으로써 자기의 존속 또는 확대가 가능해집니다. 즐거운 느낌을 주는 대상은 수용하고, 괴로운 느낌을 주는 대상은 피함으로써 자기라는 개체의 존속 유지 또는 확대를 꾀하려는 것이죠. 하지만 이러한 느낌조차도 인지의 영향에 의해서 왜곡되고 변질될 수 있습니다. 맛있다고 해서 마냥 음식을 섭취하면 비만, 나아가 생명에 위협을 받습니다. 약이 지나치면 때로는 독이 될 수도 있음을 모르는 인지의 문제입니다. 좋아한다고 해서 상대의 동의 없이 일방적인 구애를 펼치면 서로에게 치명적인 상처가 될 수도 있습니다. 내가 좋다고 해서 남도 좋을 것이라는 인지의 왜곡입니다. 부모 자식 간에도 이러한 일은 빈번하게 벌어집니다.

대체로 인간은 자기 생각을 의심하지 않습니다. 세상의 중심이자 잣대라고 여기기 때문입니다. 이제껏 자신이 꾸려 온 소박한 경험과 지식을 토대로 한 취약한 것에 지나지 않는데도 말입니다. 붓다의 가르침은 전도되고 왜곡된 이 인지를 바로 세우고 자리 잡게 합니다. 전도되고 왜곡된 인지가 바로 번뇌이고, 바로 세워지고 자리 잡은 인지가 지혜입니다.

초기불교문헌에서 자주 보이는 용어 가운데 '여리작의(如理作意)', '여실지견(如實知見)'이 있습니다. '여리작의'는 실체적 사유가 아닌 연기적 사유를 뜻하고, 그러한 사유를 거듭함으로써 마침내 '있는 그대로를 알고 봄'인 '여실지견'의 지혜에 이르게 됩니다. 실체적 사유가 바로 왜곡된 인지를, 연기적 사유가 왜곡되지 않은 인지를 바탕으로 하는 사유입니다.

가치관, 세계관의 정립이란 인지와 매우 긴밀하게 관련되어 있습니다. 외부 사물과 사건, 그러한 객관적 대상을 인식하는 주관인 나, 주관과 객관이 어떻게 작용하고 전개하는지 정확히 알아야만 합니다. 진리인 연기법을 만나고 이해하고 체득하여야 비로소 세상을 '있는 그대로 보고 알게 됨'에 이를 수 있습니다. 그리하여 제법의 성품이 '무상, 고, 무아'라는 진실에 이르며, 고를 소멸하고 궁극적인 가치인 행복을 성취하기 위해서 선업(계정혜, 8정도)을 선택해야만 하는 당위성에 이르게 됩니다.

붓다께서 말씀하신 10가지 인지, 판단에 대해서 얘기해 보겠습니다. 이는 일상생활 가운데 항상 유념(sati)해야 할 매우 중요한 판단입니다.

무상, 고, 무아, 부정, 염오, 이탐(離貪), 소멸, 죽음에 대해 생각함, 음식의 적당한 양을 생각함. 세상(3계 5도, 중생계) 그 어디에도 의지할 곳이 없음을 생각함.

이중 무상, 고, 무아, 부정은 4법인이며 염오, 이탐, 소멸은 수행방법론입니다. 죽음과 음식, 세상에 대한 혐오는 구체적이며 일상적인 삶의 현장에서 항상 인지해야 할 덕목이랄 수 있습니다. 부정, 염오, 혐오는 같은 맥락이라고 봐도 무방하겠지요. 그렇다면, 무상, 무아는 이치적인 깨달음이며 고와 부정, 염오, 이탐은 가치적인 깨달음, 이탐과 소멸은 수행방법론이라고 이해하면 되겠지요. 이탐과 소멸을 통해서 이치적인 깨달음과 가치적인 깨달음이 마침내 심화하고 체화하여 마침내 해탈의 경지에 이르지 않을까 합니다.

5

무아윤회 유아윤회

윤회의 주체가 무엇이냐는 논쟁은 '무아윤회'로 정리된 듯하면서도 종종 다시금 불거지곤 합니다. 불씨가 완전히 꺼지지 않는 데는 나름 이유가 있을 겁니다. 무아를 이해할 수도 없고, 체득할 수도 없는 범부 중생의 한계입니다. 진리인 '연기법(緣起法)'에 따르자면, 연기하는 법의 속성, 성품, 특징은 마땅히 '무상(無常), 고(苦), 무아(無我)'입니다. 윤회는 연기하는 법들의 상속이기에 윤회의 주체는 무아일 수밖에 없습니다. 동일성은 부정하되, 연속성은 인정합니다. 이것이 윤회입니다. 진리인 연기법의 오묘함입니다.

윤회의 주체는 경험적 개체인 5온이지만, 연기법을 이해할 수 없는 범부 중생에게는 '나'로 착각하고 집착하는 5취온입니다. '유아윤회'의 질곡에서 벗어나지 못합니다. 그리고 윤회의 원인은 무명과 갈애에서 비롯하는 업입니다. 탐진치에 물든 마음이 업을 일으키고 그 업이 존재를 형성함으로써 생로병사의 윤회가 다시금 펼쳐지는 것입니다.

예류과에서 풀려나는 번뇌 중 하나는 유신견(有身見)으로, 이 몸과 마음이 자아가 아니라는 5취온이 버려집니다. 그러나 이 몸과 마음이 진정한 자아가 아니지만, 어딘가에 분명 고정불변의 초월적 실체인 자아, 진아, 참나가 존재할 것이라는 믿음은 여전합니다. 이러한 전도된 믿음, 착각은 최대 7번의 윤회를 거치고 나서 획득하는 아라한과에서 '자아의식'이 풀려나야만 뿌리 뽑히고 마침내 윤회가 종식됩니다.

무명과 갈애를 소멸시키고 아라한과를 얻은 후에는 업이 아닌 기계적인 생명 활동인 5온의 형성 작용만 이어질 뿐입니다. 마침내 생명력이 다하고 감각기관이 파괴되고 체온이 소멸하면, 다시는 몸과 마음을 받지 않고 고통스러운 윤회를 마감합니다.

또한 붓다께서는 무명에 덮이고 갈애에 속박된 중생은 윤회의 그 처음을 알 수 없다고 말씀하셨습니다. 12연기의 처음 지분인 무명의 시초를 알고자 애쓴다 한들 헛수고에 지나지 않고, 궁극적인 깨달음을 얻은 아라한이나 붓다 수준에 이르러야 알 수 있다는 뜻입니다. 우주의 시작, 처음에 목마른 중생들에게 의미 없는 형이상학적인 희론을 멈추라는 가르침입니다. '지금, 여기'에서의 5온의 생멸을 통찰해야 합니다.

6

두 번째 화살과 5취온

붓다께서는 두 번째 화살을 맞지 말라고 당부하셨습니다. 첫 번째 화살은 이미 맞은 것이라 어찌 할 수 없는 노릇이지만, 두 번째 화살은 피할 수 있다는 의미겠지요. 그렇다며 첫 번째 화살과 두 번째 화살의 비유는 무엇을 가리키는 것일까요. 일반적인 해석은 첫 번째 화살은 육체적 고통, 두 번째 화살은 정신적 고통입니다. 육체적 고통은 피할 수 없지만 시간이 흐르면서 점차 가라앉고 마침내 사라질 것이므로, 그 고통을 정신적인 고통으로 확대 재생산하지 말라는 그런 얘기일 겁니다.

하지만 붓다의 가르침을 좀 더 숙고해 본다면 또 다른 결론에 이를 수도 있습니다. 첫 번째 화살은 5온입니다. 그리고 두 번째 화살은 5취온입니다. 중생이 겪는 윤회의 수레바퀴는 한 쌍으로 두 가지입니다. 5온과 5취온이 바로 그것입니다. 5취온의 윤회가 멈추고서야 비로소 5온의 윤회가 멈춥니다. 두 번째 화살을 맞지 않아야 첫 번째 화살이 드러나고, 마침내 첫 번째 화살이 뽑히게 됩니다. 중생은 이미 첫 번째와 두 번째 화살을 모두 맞은 상태입니다. 순간

순간 새로운 업을 실행함으로써 또다시 새로운 두 번째 화살의 고통스런 과보를 겪습니다.

5온도 꿈이며, 5취온도 꿈입니다. 첫 번째 화살은 전생 업의 과보입니다. 두 번째 화살들은 금생 업의 과보입니다. 탐욕의 화살과 분노의 화살, 어리석음의 화살입니다. 이 즐거움이 나를 더욱더 행복하게 해 줄 것이라는 탐욕, 이 괴로움이 나를 더욱더 고통스럽게 할 것이라는 분노, 그런 까닭에 즐거움과 괴로움에 더욱더 집착하게 되는 어리석음입니다. '자아'라는 색안경을 벗어야만 제법의 실상이 여실하게 드러납니다. 그럼으로써 고통스러운 윤회의 수레바퀴가 멈춥니다.

두 번째 화살을 맞지 않기 위해서, 색안경을 벗기 위해서는 삼매와 지혜가 요구됩니다. 겉옷을 벗어야 속옷을 벗을 수 있듯, 삼매로써 갈애를 그치게 하고 지혜로써 무명을 버리게 합니다. 바람이 그쳐 물결이 잔잔해지고 물 위에 달그림자가 온전히 드러나듯이, 마침내 마음이 탐욕과 자아의 속박에서 벗어나 진정한 자유를 누릴 수 있게 됩니다.

5취온은 일상적 자아입니다. 중생은 이 몸과 정신이 '나, 자아'임을 의심치 않습니다. 지혜가 무르익음에 따라 이 몸과 정신이 '나, 자아'가 아님을 깨닫습니다. 자기 동일성을 유지하는 영원한 실체로서의 '나, 자아'는 없습니다. 그러나 어쩌면 이 '무상하고 무아'인

진짜 불교 가짜 불교

법들을 관장하고 주재하는 형이상학적인 그 무엇, 초월적 힘은 존재할지도 모릅니다. 흠결 없이 원만 구족한 그 무엇을 '참나, 진아, 일심, 자성 청정심, 한마음, 하나님'이라 명명해 보기도 합니다. 초월적 자아입니다. 그러나, '무아'는 일상적 자아뿐 아니라 초월적 자아 또한 존재할 수 없음을, 경험할 수 있는 것은 오로지 연기하는 법들의 현상뿐임을 가르쳐 줍니다. "업보(業報)는 있되, 작자(作者)는 없다."입니다.

7

개념과 실재

아비담마에서는 개념과 실재를 엄격하게 구분하고, 개념을 헛된 것, 실재를 참된 것으로 규정합니다. 선불교에서도 언어적 작용을 끊고 곧바로 마음의 작용을 직관하라고 합니다. 개념은 바깥 대상을 언어화, 표상(이미지)화하는 작용입니다. 감각기관을 통하여 받아들인 대상을 분별하고 이미지화하고 언어로써 규정하여, 각각의 대상에 고유한 속성을 부여합니다. 이러한 차별화 작업은 존재의 생존 전략입니다. 삶이란 존재의 유지, 존속, 확장입니다. 이러한 개념 작용(인지, 想, sanna)은 개체로서의 삶이 지속되는 한 생멸하면서 유지됩니다.

개념과 실재는 존재론적 범주와 인식론적 범주에서 차별화해야 합니다. 존재론적 관점에서 개념은 토끼 뿔, 거북 털처럼 실재가 아닌 허구의 존재를 가리키며, 인식론적 관점에서의 개념은 실재와 나눌 수 없습니다. 개념 없이는 실재를 확인할 수 없기 때문이죠. 그런 까닭에 허구적 개념(토끼 뿔, 거북 털)이냐 실재적 개념(정신과 물질, 5온)이냐의 이분화로 나눌 따름입니다.

붓다께서 5온을 분석한 까닭은 실체적 자아는 결코 존재하지 않음을, 모든 존재는 무아임을 입증하기 위해서입니다. 개념과 실재를 나누기 위한 것이 아닙니다. 개념 없이는 분별도 사유도 언어도 지혜도 설 자리가 없습니다. 신통지 혹은 통찰지로 옮겨지는 여실지견(如實知見)도 번뇌로 물든 인지(想)를 정화하여 정확한 분별을 토대로 하는 지혜 작용입니다. 대승과 선종에서 주창하는 '무분별'과 '불이사상'이 붓다의 가르침과 어긋난다는 것은 분명하며, 이는 대승과 선종이 과연 불교인지 많은 논란을 불러일으키는 대표적 사례입니다.

8

번뇌에 대하여

    번뇌는 어떻게 정의되며 그 기능은 무엇일까요? 빨리어로는 아사와(asava), 한자로는 루(漏), 흘러나와서 삶을 오염시킨다는 뜻으로 이해하면 될 듯싶습니다. 탐진치(貪瞋痴) 3독을 대표적인 번뇌로 얘기할 수 있겠고, 경우에 따라서 5가지 장애, 7가지 저류(底流), 10가지 족쇄(5하분결, 5상분결) 등으로 구분 짓기도 합니다. 12연기에서는 무명(無明)의 조건인 번뇌를 욕루(慾漏), 유루(有漏), 무명루(無明漏)로 구분하고 있습니다. 욕루는 소유를 동력으로 하는 욕계 삶의 번뇌, 유루는 '나는 있다'라는 착각을 동력으로 하는 색계, 무색계의 번뇌, 무명루는 3계 5도인 중생계를 유지시키는 삶의 가장 근본적인 번뇌인 무지(無知)라 하겠습니다.

    이러한 번뇌는 어떠한 조건에서 생성되는 것인지 궁금하지 않을 수 없습니다. 탐욕과 성냄은 감성적인 범주이고, 어리석음은 이성적인 범주임에는 분명합니다. 번뇌의 조건이 무명이기에 무명의 성품과 기능이 무엇인지 확인해 보아야 합니다. 무명은 경전에 따르면, 4성제를 모르는 것입니다. 4성제는 삶이 형성되고 전개되는 근본 이치인 연기법과 그 이치에 따라 생멸하는 모든 존재들의 보편적 성품인 무상, 고, 무아 즉 3법인을 또한 품고 있습니다. 4성제와 12연기, 3법인은 불교 교학의 전부라 해도 무리가 아닙니다. 한마디로 부처님 가르침에 무지한 것을 무명이라 하는 것이겠죠.

번뇌와 무명은 상호 의존적 관계입니다. 그들은 지혜를 무력하게 만들고, 마음을 오염시키는 근원입니다. 무명은 색수상행식 5온 가운데 어디에 자리하고 있을까요? 바로 상(想)입니다.

인지 또는 지각이라 불리는 상(sanna, 想)은 언어와 개념, 표상(이미지) 등에 관련된 작용을 특징으로 합니다. 무명으로 인하여 인지가 왜곡되고 굴절되고 변형, 전도되는 수준에 따라서 삶의 질이 달라집니다. 제법의 보편적 성품인 무상, 고, 무아를 항상, 락, 자아로 이해하고 삶을 꾸려 나가는 까닭에 범부 중생의 삶이 윤회의 수렁에서 벗어날 수 없는 것이죠. 이 인지를 바로 세워야 삶의 풍경이 속살을 드러냅니다. 이러한 인지가 병들어서 번뇌가 생성됩니다.

인간의 감각기관, 즉 주관이 객관인 대상을 경험하고 苦(즐거움), 樂(괴로움), 舍(평온) 중 하나의 느낌을 그 결과로 갖습니다. 인지가 왜곡되어 있는 까닭에 고는 성냄으로, 락은 탐욕으로, 사는 평온 또는 이도 저도 아닌 어중간한 느낌으로 전환합니다. 3독인 탐진치의 탄생입니다. 마음은 이러한 느낌과 인지를 조건으로 하기에, 탐욕에 물든 마음, 성냄에 물든 마음, 어리석음에 물든 마음이 형성되는 것입니다. 번뇌의 소멸은 이렇게 인지와 큰 관련이 있습니다. 번 뇌를 멀리하고 조금씩 덜어내는 정도에 따라 병든 인지가 제자리를 찾고, 지혜가 성장합니다.

9

두 가지 몸

　중생계의 뭇 삶은 욕계의 5취온과 색계, 무색계의 5온으로 존재
합니다. 그러므로 무색계를 몸이 없는 정신적 요소들만으로 구성된
존재들의 세계라는 설명은 타당하지 않습니다.

　욕계는 밖의 정신과 물질을 소유적 대상으로 하는 욕망계이므로,
밖의 존재인 타자의 마음과 몸을 나와 동일한 하나의 인격체의 구
성 요소로 대하는 게 아니라 소유의 대상으로 치부합니다. 인간의
육체가 사자나 호랑이에게는 그저 먹잇감인 고깃덩어리인 것과 같
은 셈이죠.

　색계는 소유를 동력으로 하는 감각적 쾌락의 욕망을 여읜 한층 수
승한 세계입니다. 색계의 몸과는 사뭇 다른 정신적 몸과 정신적 요
소, 즉 5온에 대한 미세한 집착을 떨구지 못한 세계입니다. 아직까
지는 즐겁고 괴로운 육체적 느낌을 떨구지 못한 세계이지만, 선정
을 성취하지 않고서는 머물지 못하는 세계입니다. 무색계 또한 선
정을 성취해야만 머물 수 있는 수승한 세계입니다. 물질, 즉 육체

적 몸과 정신적 몸에 대한 집착을 여읜 중생들이지만, 정신적 요소들인 마음과 의식과 형성에 대해 미세한 집착을 완전히 내려놓지는 못한 세계입니다.

여기서 유의해야 할 것은 몸에는 두 가지, 육체적 몸과 정신적 몸으로 구별된다는 점입니다. 욕계의 몸은 육체적 몸과 정신적 몸, 두 가지로 형성되며 색계, 무색계의 몸은 정신적 몸으로만 형성됩니다. 육체적 몸은 거칠고 조밀한 눈, 코, 귀, 혀, 몸, 뇌인 감각기관을 통해서만 바깥 대상과 관계를 맺습니다. 정신적 몸은 지수화풍 4대가 어우러져 형성하는 섬세한 감각기관을 갖춘 몸이기에 바깥 대상과 좀 더 유연하고 깊은 관계를 맺을 수 있습니다. 6신통이 가능한 까닭입니다. 욕계 중생에게 색계, 무색계 중생의 몸은 더없이 밝은 빛으로 드러납니다.

붓다께서는 육체적 몸과 정신적 몸의 관계를 '뱀의 허물과 몸', '칼집과 칼'의 비유로 설명하셨습니다. 뱀의 새로운 몸은 허물을 벗고 나오지만 허물 자체가 아니며, 칼은 칼집에서 나오지만 칼집 자체가 아닌 것이죠.

욕계 중생의 두 가지 몸은 유체 이탈, 임사 체험이라는 경험에서 확인할 수 있습니다. 정신적 몸에 의지해서 육체적 몸을 이탈한 것이 바로 유체 이탈입니다. 순수하게 정신적인 요소들만으로 육체적 몸을 떠날 수는 없습니다. 12연기의 식(識)-명색(名色)에서 분명하게 밝혔듯이, 의식을 제외한 정신적 요소들은 육체적, 정신적 몸과 같이합니다. 다만 그중에서 육체적 몸을 잠시 떨군 상태가 유체 이 탈이라는 경험입니다.

  뭇 삶은 존재를 형성하면 반드시 태어나야 합니다. 이때 욕계 중 생으로 태어나면 두 가지 몸을 갖고서 태어나고, 색계, 무색계 중생 으로 태어나면 정신적 몸만을 갖춘 채 태어날 따름입니다. 욕계 중 생은 정신적 몸이 육체적 몸에 갇혀 있기에, 거칠고 저열하고 투박 한 육체적 감각기관이 요구하는 보고, 듣고, 만지고, 냄새 맡고, 맛 보아야만 하는 직접적인 접촉의 감각적 쾌락에의 욕망에서 쉽게 벗 어나지 못합니다. '육체는 영혼의 감옥'이라는 표현이 참으로 적절 합니다.

10

중유(中有)에 대하여

"밧차여, 뭇삶들이 이 몸을 버리고 아직 다른 몸을 받지 않
았을 때는 갈애에 의해 태워지고 있다고 나는 설한다. 그런
경우에는 갈애가 그 연료이다."

– 전재성 박사, 「집회장의 경」, 『상윳따니까야』

남방 상좌부불교나 초기불교를 신봉하는 불자들은 대승불교의
중유(中有), 중음신(中陰身)을 부정합니다. 중유를 인정한다면, 3
계 5도인 중생계에 대한 설명에 부합하지 않는데, 5도가 아닌 중간
정거장인 중유를 포함한 6도가 되어야 하기 때문입니다. 앞의 경은
후대에 삽입된 것이 아닌지 의심되기도 합니다.

한 몸을 버리고 다른 몸을 받기까지의 시차로 인해 논란이 생기지
만, 이치적으로 실재적으로 붓다의 말씀이 사실에 어긋나지 않는다고
볼 수 있습니다. 그 '사이, 간격, 시간'에 의미를 부여할 무엇이 없기
때문입니다. 낮과 밤, 밀물과 썰물, 꿈과 꿈에서 깬 상태 등의 경계
가 존재하지만 딱히 의미를 논할 무엇이 없는 것과 같습니다.

하지만 색다른 해석도 있습니다. 낯선 분들도 많겠지만, 소개해 봅니다. 중생 가운데 태생(胎生)인 인간과 축생은 죽음 이후에 곧바로 다른 몸을 받기도 하지만 그렇지 않은 경우도 있습니다. 인간을 예로 들면, 인간이라는 과보의 몸을 받을 때 일정한 시간-얼추 1천 년으로 추정하는데-이 그 수명입니다. 그 과보의 수명이 다할 때까지는 사고사이든 질병사이든 자연사이든 인간으로의 윤회가 연이어 주어집니다. 그러고 나서 업에 따라 다른 중생으로의 윤회가 이어진다는 이론입니다. 이는 화생(化生)이 아닌 중생들의 수명이 철저히 전생 업에 따른 과보라는 인과 법칙에 어긋난 듯싶어서 논쟁의 여지가 있습니다.

또 한편으로는, 과거 업에 따른 과보로서의 수명이 다하기 전에 사고나 질병으로 삶을 마감한 경우, 예를 들어 70세가 과보인데 사고로 50세에 사망한다면 20년의 차이가 생깁니다. 그 20년 동안 육체적 몸이 없고 정신적 몸만을 지닌 인간으로서의 삶이 전개되는데 이를 중유라 설명하는 주장도 있습니다.

∞ 11 ∞
전생 체험

철학적 사유가 뛰어넘지 못하는 경계가 있다면 무엇일까요? 바로 죽음입니다. 죽음 직전, 혹은 유사 죽음의 경계를 인식할 수는 있지만, 죽는 그 순간에 새로운 육체와 정신이 상속되기 때문에 이전 삶의 경험들은 단절됩니다. 어쩌면 재생 후에 전생의 기억이 또렷하다가 점차 흐려져서 완전히 지워져 버린 것일지도 모릅니다. 몇몇 경우에 전생의 기억을 또렷이 진술하기도 하니 말입니다. 어찌되었든 살아가는 동안 우리는 자연사, 질병사, 사고사 등 주변에서 갖가지 형태의 죽음을 목격하며, 나 또한 그와 같은 운명에서 벗어나지 못할 것임을 자연스럽게 인정합니다. 그러나 이 삶 이후에 또 다른 삶이 펼쳐질 것인지는 대체로 확신하지 못합니다.

윤회, 전생 체험에 대한 연구와 결과물들은 적지 않게 쌓여 있지만 주류 학계에서는 받아들이기 힘들어합니다. 과학적 근거가 없다는 것입니다. 하지만 과학적 진실 또한 당대의 물질문명의 한계를 극복할 수 없고, 또 다른 이론에 의해 언제든 수정되거나 폐기될 수 있음을 부정하지 못합니다.

진짜 불교 가짜 불교

전생 체험을 몇 가지로 분류해 봅니다.

1. 영적 지도자 또는 수행자들의 체험
2. 유체 이탈
3. 최면 요법
4. 영매를 통한 죽은 이와의 만남 혹은 직접적인 만남
5. 어린아이들의 기억을 통한 전생 소환
6. 예지몽

1. 색계 제 4선정을 달성한 후에 3가지 방향으로 지혜 작용이 일어
   납니다. 지견(知見), 의성신(意成身), 육신통(六神通). 육신통
   가운데 과거 삶을 고스란히 기억해 내는 숙명통(宿命通)이 있
   습니다. 이러한 지혜는 아라한이나 붓다의 경지를 가리킵니다.

2. 뇌사나 의식불명으로 신체 기능이 멈추었다가 회복된 경우 유
   체 이탈의 경험을 진술하곤 합니다. 빛의 터널을 통과했다가
   다시 돌아오며, 병실에 누워 있는 자신 곁에 의료진과 가족들
   이 나누는 대화와 풍경들을 생생하게 기억합니다. 이 경우에는
   완전히 몸과 정신이 죽었다는 판정을 내리기엔 부족합니다.

3. 최면 요법을 통해서 과거 삶을 되살리기도 합니다. 대표적으
   로 미국의 심령학자 에드가 케이시가 남긴 상당한 자료가 뒷받
   침해 주고 있습니다. 물론 왜곡되거나 착각인 기억일 가능성도

존재합니다.

4. 세계 어느 문화권이든 영매, 심령술사는 존재합니다. 돌아가신 친척 또는 지인이 영매에게 빙의되어 전생의 삶과 관련된 얘기를 건네는 경우는 숱하게 많지만, 이 또한 조작이 가능하기에 온전히 믿기에는 석연치 않은 면이 있습니다. 믿음의 영역인 것이죠. 또한 일반인들이 죽은 이와의 만남, 즉 신체적 접촉이나 대화를 경험한 경우도 있습니다. 이 또한 경험자들에게는 부정할 수 없는 생생한 현실이지만, 거짓이라고 치부해도 딱히 변명할 무엇은 없겠지요. 저의 경우, 지인의 죽음을 겪고 그와의 신체적 접촉, 대화를 나누었기에 의심치 않습니다.

5. 다양한 문화권에서 전생 기억은 특히 2~5세 어린아이들에게서 많이 나타납니다. 버지니아 대학의 정신과 의사인 이안 스티븐슨 박사의 방대한 연구가 매우 유명합니다. 2007년 작고하기 전까지 50여 년 동안 전 세계 3,000여 명 어린아이들의 전생 기억 사례를 수집하고 논문과 책으로 발표하였습니다. 한국에도 『전생을 기억하는 아이들』이 출판되기도 했습니다. 유튜브나 인터넷 검색만 해도 상당한 양의 정보는 쉽게 구할 수 있습니다. 한국에서는 종교학자인 최준식 교수와, 물리학자인 김성구 교수의 활동이 돋보입니다.

6. 꿈의 형태로 전생 체험이 가능하기도 합니다. 꿈에서 어떤 이

150

들이 자신을 과거로 이끌고 가거나, 스스로 과거의 자신을 체험하기도 합니다. 물론 꿈이라는 형태이므로 어떻게 받아들이느냐는 개개인의 몫일 겁니다. 저의 경우, 꿈의 형태로도 여러 가지 신비 체험을 겪었기에 마냥 무시하지는 않습니다.

12

삶은 한 편의 꿈, 연극, 영화

삶을 꿈으로 비유하는 경우는 아주 오래전부터 이어져 왔습니다.

장자의 '나비꿈(胡蝶夢)'이 유명하지요. 장자가 꿈에 나비가 되어 즐겁게 놀다가 깬 뒤에 자기가 나비의 꿈을 꾸었는지 나비가 자기의 꿈을 꾸고 있는 것이지 알기 어렵다는 얘기인데, 이를 소재로 〈매트릭스 The Matrix〉라는 영화가 대히트를 치기도 했습니다. 가상현실 VR(Virtual Reality), 메타버스(Metaverse) 등도 같은 맥락입니다. 16세기 영국의 대문호 셰익스피어도 인생은 연극이며, 모든 사람은 그 무대에 서는 배우일 뿐이라고 말했죠.

군이 유명인을 들먹이지 않아도, 사람이라면 모두 그러한 생각을 한 번쯤 안 해 봤을 리가 만무합니다. 나와 나를 둘러싼 풍경들이 시시각각 변하고, 그런 까닭에 어느 순간 삶이 덧없고, 무력하고, 의미 없음을 깨닫는 경우가 종종 있기 마련입니다. 하지만 이러한 '항상 하지 않음(無常)'의 진실에서 더 나아가 삶의 진리를 깨닫고자 하는 이들은 드뭅니다. 그렇기에 붓다의 가르침인 연기법과 3법인이 더욱 소중한 것입니다.

불교적인 맥락에서도 삶은 한 편의 짧은 꿈이며, 연극이며, 영화입니다. 정신과 물질의 복합체이자 경험적 개체인 5취온(五取蘊)인 내가 인식하고 생각하고 행위 하며 꾸려 가는 삶. 나는 이 꿈, 연극, 영화의 기획자이자 연출가이자 각본가이자 배우입니다. 이것이 바로 우리네 삶의 진실된 풍경입니다. 그리고 이 꿈, 연극과 영화의 제목은 '소유와 존재'입니다. 소유를 동력으로 하는 감각적 욕망의 욕계의 풍경, 착각을 동력으로 하는 존재적 욕망의 색계. 무색계의 풍경입니다.

돈과 사랑, 지위와 명예, 권력, 건강…. 움켜쥐면 기뻐하고 잃으면 슬퍼합니다. 그런 까닭에 얻기 위해서, 잃지 않으려 모든 노력을 기울입니다. 마침내 이 모든 것을 쥐었다 해도, 죽음이 앞을 가로막습니다. 슬퍼하고 좌절하고 비탄해하지만 죽음 앞에서는 모든 저항이 무력합니다. 참으로 덧없고 무의미하고 고통스러운 삶입니다.

숲에서 벗어나야 숲이 보이고, 사막에서 벗어나야 사막이 보입니다. 꿈에서 깨어나야 꿈임을 깨닫기 마련입니다. 그리고 허망한 꿈과 연극에서 벗어나 그 흔적들과 소품들을 하나씩 정리하고 다시는 꾸지 않을 마지막 꿈임을 자각하게 됩니다. 우리 삶이 짧은 꿈임을, 아무리 황홀하고 화려하다 해도 결말은 예외 없이 끔찍한 악몽임을 깨달아야겠지요. 이 무상하고 고통스러운 삶에서 벗어나는 길은 단

하나입니다. 오로지 외길, 붓다께서 걸어가신 옛길뿐입니다. 그 흔적을 한 걸음 한 걸음 조심스레 좇아갈 따름입니다.

13

업과 결정론, 자유 의지

연기법은 인과법이며 업인과보의 법칙입니다. 업을 원인, 조건으로 하여 결과인 보를 낳습니다. 업이 중생의 의지처이자 모태이며, 중생은 업의 상속자이지만, 인과법을 등가적인 결정론으로 자칫 오해할 여지를 남깁니다. 10의 악업을 지으면 그만큼 해당하는 10의 괴로운 과보를 받는다는 것이 등가적인 결정론입니다.

붓다께서는 『소금덩이의 경』에서 그러한 엄격한 결정론을 부정하셨습니다. 과보를 피할 수는 없되, 과보를 받는 존재가 어떤 상태이냐에 따라 그 과보의 양이 줄어들 수도 늘어날 수도 있다는 얘기입니다. 비를 맞되 아무 준비 없이 맞는 사람과 우산을 준비한 사람과의 차이라고 할까요. 결국 어떤 마음이냐가 관건입니다. 탐욕과 어리석음, 지혜가 어느 정도 자리한 마음이냐에 따라, 괴로움이든 즐거움이든 그 과보의 크기는 천차만별로 달라집니다. 그 누구도 예외 없이 피할 수 없는 과보는 죽음입니다. 어떤 마음으로 삶을 꾸려왔느냐에 따라서 죽음의 고통과 크기는 전혀 다르게 다가옵니다.

숙명론이나 존우론(尊佑論), 우연론 등 연기법과 대척점에 서 있는 주장들은 자유 의지의 문제에서 회피합니다. 신의 의지가 개입된 존우론이거나 알 수 없는 과거의 어떤 힘이 개입한 숙명론, 어떤 원인도 찾아볼 수 없는 우연론에서는 자유 의지가 실종되며, 이는 행위의 결과에 대한 도덕적 책임에서 자유롭다는 결론에 이릅니다. 내가 어떠한 행위를 하여 어떠한 결과를 낳더라도 나의 책임은 아닙니다. 이는 도덕적 문란을 발생시킨다는 수준에서 그치는 것이 아니라, 인과를 무시하므로 상상할 수 없이 고통스러운 과보를 불러일으키며, 윤회에서 벗어날 수 없게끔 만듭니다.

인과법은 과거의 업에 초점이 맞춰져 있지 않습니다. 과거에 발목이 잡혀 현재와 미래가 위축되거나 지워져서는 안 됩니다. 지금 여기에서의 업이 앞으로 어떤 과보를 가져올 것인지 지혜롭게 통찰함으로써 유익하고 의미 있는 미래를 펼칠 수 있습니다. 자유 의지로써 과거지향적인 인과에서 벗어나 미래지향적인 인과로 나아가야 합니다.

그렇다면 우리는 문자 그대로 자유 의지를 백퍼센트 발휘할 수 있을까요. 그렇지 못하다는 것은 두말할 나위가 없겠지요. 육체적, 정신적 수준, 주위 환경에 자유 의지는 제한을 받을 수밖에 없습니다. 자유 의지는 있되 '제한된 의미에서의 자유 의지'라 해야겠지요. 연기법에 따르면 지극히 당연한 귀결입니다. 그렇다면 우리는 자유 의지를 제한하는 육체적, 정신적 수준 그리고 다양한 주위 환경을 보다 유익한 방향으로 변화시켜야 할 것입니다.

자유 의지는 인지(想), 마음(心理)과 관련이 깊을 수밖에 없습니다. 프로이트(S. S. Freud)의 정신분석학, 융(C. G. Jung)의 분석심리학, 아들러(A. Adler)의 개인심리학, 스키너(B. F. Skinner)의 행동주의심리학 등 현대 심리학이 자유 의지와 인지, 마음의 이해에 많은 도움이 되리라 생각합니다.

14

이 순간, 한 걸음

불교는 깨달음의 종교입니다. 그리고 그 깨달음은 보통 사람으로서는 엄두가 나지 않는 저 아득하고 낯선 세계, 동화나 전설, 수억 광년 떨어진 별나라의 일은 아닙니다. 그렇다면, 석가모니 부처님께서 이 세상에 출현한 역사적, 철학적, 종교적 의미는 퇴색하고 말 것입니다. 석가모니 부처님 깨달음의 골수는 공(空)이며 연기(緣起)이며, 곧 중도(中道)입니다. 중언부언할 까닭이 없습니다.

그러나 놀라운 발전을 거듭한 과학과 철학에 힘입어 인지가 발달된 현대 사람들은 고개를 갸우뚱합니다. 고작 그 정도 이치를 터득한 것을 깨달음이라 하다니! 연기가 무엇인지, 공이 무엇인지 그 이치를 모르는 불자는 드뭅니다. 그럼에도 뭔가 좀 더 신비하고 환상적인 무엇이 있는 것이 분명하다고 의심합니다. 이런 의심과 착각에는 그릇된 종교 지도자들의 영향이 일면 있음을 부정하지 못합니다. 더 이상의 깨달음은 없습니다. 다만, 그 깨달음을 몸소 체화하느냐는 차원의 문제일 따름입니다. 내가 즐겨하는 표현이지만, 인식론적 전환과 존재론적 전환과의 간극입니다.

석가모니 부처님께서 험난한 산행을 마치고 마침내 정상에 이르러 세상 풍경을 내려다보며 산 아래 사람들을 위해 '산행 지도'를 작성합니다. 숲에서 벗어난 사람만이 숲 안팎의 풍경을 낱낱이 그려낼 수 있듯이. 산 정상에 섰을 때 한눈에 들어온 세상 풍경이 곧 '더없이 바르고 평등한 깨달음(無上正等覺)'이라면, 팔정도(八正道)는 산행에 필수적인 장비라 할 수 있겠습니다. 그리고 산행 중간중간 지표이자 길목이 수다원, 사다함, 아나함이며 정상이 아라한이라 일컫는 사과(四果)입니다.

'깨달음이 곧 해탈'이라는 가르침에는 석가모니 부처님처럼 직접 온갖 고초를 겪으며 산 정상에 오른 경우라는 전제가 있음을 잊어서는 안 됩니다. 선지식이 건네준 산행 지도를 훑어보고서 '아하, 저기가 정상이구먼.' 하는 수준으로 깨달았다고 자만해서는 안 될 터입니다. 산행 지도는 산자락에 첫걸음을 내딛고, 석가모님 부처님과 역대 선지식의 흔적을 되짚으며 꾸준히 오르는 자에게만이 의미가 있습니다.

석가모니 부처님의 가르침 이후 불교는 참으로 다양하고 깊이 있게 변화해 왔습니다. 다양한 형태의 산행 지도가 그 반증입니다. 이는 불교의 역사적 유산이 참으로 위대하다는 역설이기도 하지만, 수행자에게는 혼란과 불안을 야기시키기도 합니다. 손에 들고 있는 지도가 과연 원본인지조차 확신할 수 없는 처지라 자칫 길을 잃고 헤매기 마련입니다. 세월이 흐르면서 뿌리를 좀 더 깊게 내리는 주름처럼 종횡으로 얽혀 있는 산행지도들을 들여다보면 아찔하기 그지없습니다. 주위를 둘러보니 원석은 없고 죄다 잡석뿐입니다. 안타까운 현실이지만, 잡석을 하나씩 분석하면서 원석의 흔적을 찾아나갈 수밖에 없습니다.

그리하여 산길을 오르는 사람에게는 훌륭한 선지식, 스승이 참으로 절실합니다. 주어진 성품과 시절 인연, 노력은 제각기 다를 수밖에 없으며, 어떤 이는 별 어려움 없이 곧바로 길을 재촉하고 어떤 이는 이 비탈에서 저 비탈로 옮겨 다니며 힘을 소비하지만, 결국 정상에 서고 만다는 사실에는 털끝만큼의 차이도 없습니다.

중요한 것은 오직, 오래전 석가모니 부처님께서 온갖 어려움을 헤치고 깨달음을 증득하고서 무량한 자비심으로 중생들을 위해 다함없이 가르침을 베푸셨다는 사실뿐입니다. 그리고 이 순간 내딛는 우리의 걸음 하나가 정상에 오르기까지 없어서는 안 될 지극히 소중한 디딤돌임을 잊어서는 안 된다는.

진짜 불교 가짜 불교

15

계 · 정 · 혜

계(戒)란 무엇인가?

외로움이다.

정(定)이란?

기다림이다.

혜(慧)란?

그리움이다.

어찌하여 외로움인가.

외로움만이 그대를 탐욕과 분노와 어리석음에서 지켜 줄 수 있는 까닭에서입니다.

매월당 김시습이 그랬던가요.

"진정한 벗이란 벗의 고독을 벗겨 주는 것이 아니라 지켜 주는 이다."

이해(利害)로 얽힌 일상의 번거로움에서 벗어나 거울을 마주 대하고 내뱉는 한마디 독백에서 깊은 울림을 스스로 확인할 수 있습니다. 외로움은 겉치레를 요구하지 않고, 자기 합리화도 거추장스러울 따름이며, 다만 정직함을 양식으로 합니다. 이는 자기 자신과의 약속인 때문입니다. 가을 끝물이나 겨울 초입 사이 헐벗은 산의 풍경에서 우리가 느끼는 그것처럼. 기실 욕망이란 외로움에서 벗어나고자 하는 헛된 몸부림일지도 모릅니다.

어찌하여 기다림인가.

시시각각으로 바뀌는 삶의 풍경, 결코 낚아 챌 수 없는 삶의 속도에서 한 걸음 비켜서서 저편 어디론가로 그윽이 눈길을 보내는 이여. 외로움이 맑게 스며든 그대의 눈길에는 더없이 투명한 기운이 가득합니다. 그대의 기다림은, 물결이 잔잔해지면 달이 곱게 내려앉는 것과 같나니.

어찌하여 그리움인가.

외로움을 날줄로 기다림을 씨줄로 하여 짜인 지혜의 옷은 스스로 걸치기 위함이 아닌 까닭입니다. 촛불에서 촛불로 불빛이 이어지며 어둠을 밝히듯, 지혜로운 이는 지혜에 갇히지 않고 지혜를 건넵니다. 이는 곧, 그리움이 또 다른 그리움에게 건네는 간절한 마음이려니. 지극한 그리움만이 만남을 약속하기에, 건네는 이도 받는 이도,

그리움으로 가득해야 할 따름.

　소박하지만 가장 아름다운 비유 하나.

"계는 그릇이요,
　정은 그릇에 담긴 물이요,
　혜는 그 물에 비추인 달이니."

16

초기 경전인 『니까야』와 『아함경』은 완전한가?

대승불교는 불교가 아니며 대승 경전 또한 불경이 아니다는 '대승비불설'은 더 이상 논란의 여지가 없게끔 종결되었습니다. 그럼에도 여전히 압도적으로 세력을 장악하고 있는 대승 쪽에서는 대승 경전이 붓다 이후에 제작된 것은 인정하지만, 초기 경전인 『니까야』나 『아함경』도 매일반 아니냐는 반론입니다. 틀린 말은 아닙니다. 초기 경전은 붓다께서 열반한 지 300~400년 후에, 대승 경전은 붓다께서 열반에 드신 지 500여 년 후부터 서서히 제작된 것으로 추정되고 있습니다.

전승된 붓다의 가르침에 역사적으로 좀 더 가깝다는 점에서 초기 경전이 덜 변형되었으리라는 합리적 해석이 가능합니다. 물론 가르침과 경전의 내용이 일치하느냐는 다른 문제입니다. 대승의 경우, 경전의 내용과 그 사상이 붓다의 가르침과 일치하지 않고 적잖이 벗어났다는 정도가 아니라, 극단적으로 평가하자면 겉모습만 불교일 뿐 전혀 다른 모습으로 탈바꿈했다는 데 있습니다. 이는 붓다의 권위에 의지해 새로운 종교를 뿌리내리고, 부수적인 효과로 기존

진짜 불교 가짜 불교

불교를 전복시키겠다는 삿된 술책입니다. 머지않아 대승불교와 비밀불교, 선불교에서 '불' 자를 뺀 대승교, 밀교, 선교의 간판이 등장할 것이라 의심되는 상황입니다. 정(正)과 사(邪)가 섞이고 혼란스러운 것이 세상사이니 종교계라 해서 크게 다를 바는 없을 겁니다.

그렇다면『니까야』와『아함경』은 소승, 초기, 근본불교로 일컬어지는 붓다 가르침의 원형과 어느 정도 일치하느냐의 문제가 있습니다. 붓다 사후에 제작된『니까야』와『아가마(아함)』는 부파불교 시대에 제작된 것으로 추정됩니다. 이는 곧 20여 부파의 목소리와 의도가 어느 정도는 경전 제작에 개입되었을 것이라 믿을 수밖에 없는 정황입니다.

부파불교와 대승불교는 힌두교와, 선불교는 유교·도교와 서로 영향을 주고받으며 사상과 철학뿐만 아니라, 경전 제작에도 깊숙이 개입해 왔습니다. 그리고 세상 모든 종교가 그러하듯, 정치권력과의 거리에 따라서 사상과 철학의 오염 정도가 오르락내리락했습니다. 불행하지만 작금의 현실 또한 다르지 않습니다.

일부 불교 학자와 수행자, 신심 깊은 재가자들이 경전 내용을 비교 분석하고 교리적인 측면에서 모순되고 대립, 충돌하는 부분을 솎아 내는 작업을 진행하고 있습니다. 이러한 노력이 값지다는 점에는 반론의 여지가 없지만, 그러한 작업 주체의 학문적 역량, 수행의 깊이, 안목의 정도라는 걸림돌이 또한 문제가 될 수밖에 없습니

다. 한글 번역본의 경우 매우 중요한 용어와 개념에서도 전혀 합의
와 통일이 되어 있지 않은 실정입니다.

　엄격하게 말하자면 붓다의 친설(親說)은 찾을 수 없습니다. 구전
과 기록의 전승을 바탕으로 그 흔적을 확인해 나갈 수밖에 없습니
다. 수행자이든 학자이든 그 모두가 부정하지 않는 붓다 가르침의
골수는 4성제와 12연기, 3법인입니다. 이를 토대로 불자 개개인이
경전을 이해하고 분석하고 가르침에 따라 수행해 나갈 수밖에 없다
는 한계가 있습니다.

　　　　　　　　　　　　　　　　　　　　진짜 불교 가짜 불교

17

발심수행자에게 건네는
붓다의 고귀한 가르침

"수행승들이여, 두 종류의 구함이 있다. 고귀하게 구하거나 고귀하지 않게 구하는 것이다. 고귀하지 않게 구하는 것은 어떠한 것인가? 이 세상에 어떤 사람이 스스로 생겨남에 묶여 있으면서 생겨남에 묶여 있는 것을 구하며, 스스로 늙음에 묶여 있으면서 늙음에 묶여 있는 것을 구하며, 스스로 병듦에 묶여 있으면서 병듦에 묶여 있는 것을 구하며, 스스로 죽음에 묶여 있으면서 죽음에 묶여 있는 것을 구하고, 스스로 슬픔에 묶여 있으면서 슬픔에 묶여 있는 것을 구하고, 스스로 번뇌에 묶여 있으면서 번뇌에 묶여 있는 것을 구한다….

수행승들이여, 고귀하게 구하는 것은 어떠한 것인가? 이 세상에 어떤 사람이 스스로 생겨남에 묶여 있지만 생겨남에 묶여 있는 것의 재난을 알고, 생겨남에 묶여 있지 않은 위없는 안온인 열반을 구한다. 스스로 늙음에… 병듦에… 죽음에… 슬픔에… 번뇌에 묶여 있지만 번뇌에 묶여 있는 것의 재난을 알고, 번뇌에 묶여 있지 않은 위없는 안온인 열반을 구한다.

수행승들이여, 이것이 고귀한 구함이다…"

– 전재성 박사, 「고귀한 구함의 경」, 『맛지마니까야』

"수행승들이여, 그대들이 오랜 세월 유전하고 윤회하면서 목을 잘려 흘리고 흘린 피가 훨씬 더 많아 사대양에 있는 물에 비할 바가 아니다.

그대들이 오랜 세월을 소로 태어나… 물소로 태어나… 양으로 태어나… 사슴으로 태어나… 닭으로 태어나… 돼지로 태어나… 도둑으로 살면서 마을을 약탈하다… 부녀자를 약탈하다가 목을 잘려 흘리고 흘린 피가 훨씬 더 많아 사대양에 있는 물에 비할 바가 아니다….

수행승들이여, 이 윤회는 시작을 알 수가 없다. 무명에 덮인 뭇삶들은 갈애에 속박되어 유전하고 윤회하므로 그 최초의 시작을 알 수가 없다 .이와 같이 참으로 오랜 세월을 그대들은 괴로움을 맛보고 고통을 맛보고 허탈을 맛보고 무덤을 증대시켰다.

그러나 이제 그대들은 모두 지어진 것에서 싫어하여 떠나기에 충분하고 초연하기에 충분하며 해탈하기에 충분하다."

– 전재성 박사, 「삼십 명의 경」, 『상윳따니까야』

깔라마인들이 세존께 말씀드렸다.

"세존이시여… 저희들로서는 그들 존경스러운 수행자들

과 성직자들 가운데 누가 진리를 말하고 누가 거짓을 말하는지 미심쩍고 의심스럽기만 합니다."

"깔라마들이여, 당신들이 미심쩍어하고 의심스러워하는 것은 당연합니다. 의심스러운 것은 미심쩍은 일에서 생겨나기 때문입니다. 깔라마들이여, 소문이나 전승이나 여론에 끄달리지 말고, 성전의 권위나 논리나 추론에도 끄달리지 말고, 상태에 대한 분석이나 견해에 대한 이해에도 끄달리지 말고, 그럴 듯한 개인적 인상이나 '이 수행자가 나의 스승이다'라는 생각에 끄달리지 마십시오.

깔라마들이여, 이러한 것들이 악하고 건전하지 못하고, 잘못된 것이고, 식자에게 비난받을 만하고, 실천하여 받아들이면 유익하지 못하고 괴로움을 야기하는 것이라고 스스로 알게 되면, 깔라마들이여, 그때에 그것들을 버리십시오….

깔라마들이여, 이러한 것들이 착하고 건전하고, 잘못이 없는 것이고, 식자에게 칭찬받을 만하고, 실천하여 받아들이면 유익하고 행복을 야기하는 것이라고 스스로 알게 되면, 깔라마들이여, 그때에 그것들을 받아들이십시오."

– 전재성 박사, 「깔라마의 경」,『앙굿따라니까야』

18

불교, 어떻게 공부할 것인가

 길을 가득 메운 채 사람들이 뛰어가고 있습니다. 무리의 앞과 끝이 보이지 않습니다.

 "저기 하나 여쭤봐도 될까요?"

 고개를 돌려보니 한 사내가 나를 빤히 바라보고 있습니다. 발갛게 달아오른 낯빛으로 가쁜 숨을 몰아쉬면서 말이죠.

 "왜 뛰고 있는지 궁금해서….."

 나도 그 사내도, 우리 둘 주위에도 많은 사람들이 앞을 바라본 채 부지런히 걸음을 옮기고 있습니다. 나는 멋쩍은 표정으로 대꾸합니다.

 "그쪽에서 뛰고 있길래 그냥 나도 따라서….."

 중국 명나라 때 양명학의 후계자인 이탁오(1527~1602)는 유학의 이단아이자 파괴자로 평가받습니다. "겉으로는 도를 말하나 속으로는 부귀를 바라며, 유학자의 고상한 옷을 걸쳤으나 행동은 개, 돼지와 다를 바 없다."라고 속된 유학자들을 신랄하게 비판했으며, 성인들의 가르침을 삶에서 동떨어지게끔 화석화시키고 자신들의 잇

속을 챙기려는 지식인들과 권력자들의 속물성을 호되게 나무랐습니다. 사상적 자유, 신분과 성 평등을 주장하던 그는 76세에 모함을 받아 옥에 갇히자 자결하였습니다.

54세에 관직을 버리고 학문에 전념하면서 그가 내뱉은 한 마디는 작금의 세태에도 여전히 크나큰 울림을 갖습니다.

> "50세 이전의 나는 한 마리 개였다. 옆집 개가 그림자를 보고 짖으면 나도 따라 짖었고, 누가 왜 짖느냐 물으면 얼굴이 시뻘게진 채 아무 대꾸도 하지 못했다."

이 얼마나 통렬한 자기비판이자 성찰인가요.

새는 허공에서 자유로이 날아다닙니다. 물고기는 물에서 아무런 걸림 없이 움직입니다. 그들이 허공과 물을 너무도 당연시 여기듯, 우리 인간 또한 시공간과 호흡, 생각을 참으로 자연스럽게 받아들입니다. 그렇게 우리는 무지와 집착을 지극히 당연하게 여기며 전혀 의심하지 않습니다. 그런 까닭에 범부 중생입니다. 범부인 우리가 붓다의 옛길을 좇아 첫걸음을 떼는 계기는 바로 이러한 태생적 한계를 의심하고 비판하는 데서 시작될 것입니다.

한국은 불교의 성지라 할 수 있습니다. 그 결이 사뭇 다른 대승불교와 부파불교, 초기불교가 한데 공존하고 있는 까닭입니다. 불교의 역사적 흐름을 이해하기에는 더없이 좋지만, 그 흐름을 어떻게 좇아가야 하느냐는 매우 어려운 과제입니다.

이 땅의 불자들이 대개 그렇듯, 저 역시 처음에는 대승 그중에서도 특히 선불교에 매료되었습니다. 그것이 불교의 참모습이며 전부라고 여길 수밖에 없었습니다. 그러나 25여 년이 흐른 지금 불교에 대한 인식은 처음과는 매우 동떨어진 자리에 있습니다. 선불교, 대승에서 아비담마로, 아비담마에서 초기(근본)불교로 방향이 바뀌었습니다. 요즘은 『니까야』 경전 위주로 공부를 하고 있습니다. 간화선에서 시작한 수행은 『대념처경』의 가르침에 따라 '4념처' 수행에 전념하고 있습니다.

2,500여 년의 장구하고 지난한 불교 역사를 한눈에 꿰뚫기는 불가능합니다. 손품과 다리품, 적잖은 경제적 부담이 곤궁한 살림살이를 힘들게 하기도 합니다. 그러나 다행스럽게도 요즘은 인터넷의 발달로 다양하고 귀한 정보를 손쉽게 접할 수 있습니다. 블로그와 카페, 유튜브 등의 매체에 힘입어서 여러 수행자와 선지식들의 법문을 가까이하기에 무리가 없습니다. 생계를 꾸려야 하는 재가자로서 더없이 감사한 일입니다.

25여 년에 걸친 저의 소박하고 서투른 불교 이력이지만, 처음 불교에 입문한 분들께 혹여 도움이 되지 않을까 싶어서 간략하게 추려 봅니다. 붓다의 간곡한 당부처럼 늘 비판적 태도를 잃지 않고서

　진짜 불교 가짜 불교

공부하다 보면 좋은 결과가 주어지리라 믿습니다.

대승, 선

노자『도덕경』, 장자『장자』- 선불교를 이해하기 위한 필수 코스.

경전-『금강경』,『반야심경』,『법화경』,『화엄경』(「화엄경입법계
　품」, 의상「법성게」),『열반경』.
선어록- 달마, 승찬『신심명』, 혜능『육조단경』, 마조, 백장, 황벽,
　임제, 대혜종고『서장』,『벽암록』,『무문관』, 성철『본지풍
　광』,『백일법문』.

중관, 유식

김성철 교수, 용수『중론』, 원효『대승기신론소별기』.
* 중관, 유식은 개괄적인 이해만으로도 충분하다고 봅니다. 자칫 몰입했다가는
　현란하고 난삽한 개념의 바다에서 허우적거릴 수 있습니다.

아비담마

각묵, 대림 스님『아비담마길라잡이』, 붓다고사『청정도론』, 일묵
스님.

초기불교

니까야 4부 경전인 『디가니까야』, 『맛지마니까야』, 『상윳따니까야』, 『앙굿따라니까야』. 그중 「초전법륜경」, 「대반열반경」, 「사문과경」, 「대념처경」은 필독.
『숫타니파타』, 『법구경』.
이중표 교수, 전재성 박사, 해피 스님, 시현 스님 『대승은 끝났다』.

* 초기불교 자료는 해피 스님 사이트에 방대하게 저장되어 있고, 『대승은 끝났다』는 대승 비판서로 대승의 역사적 성립과 전개, 그 사상을 체계적으로 이해하는 데 매우 소중한 자료입니다.

불교 미디어- 계간지 《불교평론》. 불교tv나 라디오도 있지만 지나치게 대중적이고, 《불교평론》은 상대적으로 전문적인 논문 성격이 강하지만 다양한 학자와 선지식들의 고견을 접하기에 좋음.

불교와 현대철학- 김종욱 교수, 최봉수 교수
불교와 동양철학- 김형효 교수
불교와 현대과학- 박문호 교수(뇌 과학), 김성구 교수(물리학)

나
오
는
말

지혜로운 이여,
지혜에 갇혀 앵무새처럼 읊조리느니
차라리 고단한 길손에게 잠깐의 안식을 주는
천 년을 침묵한 저 바위가 될 것이며,
차라리 길 잃은 나그네의 땀을 식혀 주는
백 년을 그늘 내린 저 나무가 되리라.

어리석은 이여,
사방이 꽉 막힌 깜깜한 칠통 속에서 무엇을 더듬는 것인가.
한 등불이 천 년의 어둠을 밝히고
한 지혜가 만 년의 어리석음을 깨뜨리나니,
어리석음이 건네는 안식은 진정한 안식이 아니니
두려워 말고 지혜로의 첫걸음을 내딛으라.

지혜는 물과 같다.
그리하여 옛 성인이 『도덕경』에서

'상선약수(上善若水)'라 하지 않았던가.
자연의 이법, 진리를 좇는 행위야말로 더없이 옳고 착한 것이니.

물은 몸을 낮추며 낮은 곳으로 끊임없이 흐르고,
만물의 젖줄이나 끝내 그 공을 다투지 않고,
그침이 있다 해도 말없이 다시 흐르기를 끝내 인내한다.

또한 작은 물과 큰 물은 한 몸이 되기를 망설이지 않는다.
또한 큰 바다가 여러 강으로 흘러나가듯, 여러 몸으로 나뉘기를
주저하지 않는다.
샘에 고여 있든, 강에서 출렁거리든, 그릇에 담겨 있든 자신의 모
습을 잃지 않는다.

지혜는 물과 같으니.
다만, 그 물에 빠지지 않기를.
어리석음은 불과 같으니.
다만, 그 불에 활활 타버려 한 줌 재로 남지 않기를.

나무시아본사석가모니불.